劳动财产理论研究

林立成◎著

知识产权出版社
全国百佳图书出版单位
—北京—

图书在版编目（CIP）数据

劳动财产理论研究/林立成著. —北京:知识产权出版社,2021. 11
ISBN 978-7-5130-7804-7

Ⅰ. ①劳…　Ⅱ. ①林…　Ⅲ. ①劳动价值论—研究　Ⅳ. ①F014. 31

中国版本图书馆 CIP 数据核字（2021）第 214675 号

责任编辑：庞从容		**责任校对：**潘凤越	
封面设计：乔智炜		**责任印制：**刘译文	

劳动财产理论研究

林立成　著

出版发行：知识产权出版社 有限责任公司		**网　　址：**http：//www. ipph. cn	
社　　址：北京市海淀区气象路 50 号院		**邮　　编：**100081	
责编电话：010-82000860 转 8726		**责编邮箱：**pangcongrong@ 163. com	
发行电话：010-82000860 转 8101/8102		**发行传真：**010-82000893/82005070/ 82000270	
印　　刷：北京建宏印刷有限公司		**经　　销：**各大网上书店、新华书店及相关 专业书店	
开　　本：850mm×1168mm　1/32		**印　　张：**4. 375	
版　　次：2021 年 11 月第 1 版		**印　　次：**2021 年 11 月第 1 次印刷	
字　　数：80 千字		**定　　价：**58. 00 元	

ISBN 978-7-5130-7804-7

自　序

英国内战（1642—1651 年）的直接原因在于国王查理一世（1600—1649 年）不适当地动了人民的财产。有关宗教祈祷仪式的分歧最终酿成苏格兰与英格兰之间的战争，为筹措军费，查理一世决定加征税收，不过议会对此并不买账，一怒之下的查理径行将议会解散，此为内战的导火索。陆陆续续一系列战争打到最后，不仅造成保皇派五万多人阵亡，甚至就连始作俑者查理一世本人也被送上断头台，成为英国乃至整个欧洲历史上第一位被公开处刑的君主。战争的惊人破坏力与国王本人的悲惨际遇都不禁使人困惑，贵为帝胄的一国之君不过是动了动升斗小民的钱包，至于如此大动干戈吗？

英国内战的爆发明确标示时代风向标已经发生变化，这种变化也改变了人们观念中对有关财产的定性。纯真的共产主义是人类的原初境遇，这种思想的影响力在观念史上相当持久——甚至在当下也是部分人心向往之的最佳状态，至少在 16 世纪以前，私有财产制在理论上的地位始终暧昧不明。由于古往今来的社会动荡多是由于富人对穷人的压迫所致，因而财产的滥用自然很容易成为改革者们攻击的对象；加之基督及其使徒一文不名，私有财产的正当性也很难在宗教上找到支撑的基点。迟至托马斯·莫尔撰写《乌托邦》时，他所崇尚的仍然是一个奉行公有制的国家。不过等到了 17 世纪，人们对理论及现实语境中的财产权都产生了浓厚兴趣。1604 年，经英国王室授权的垄断行业引起民众的强烈不满，格劳秀斯、艾尔顿等学者也开始试图从理论上论证私有财产制是一项源于自然法的天然权利。很难道出变革的确切起点，但毫无疑问的是，这项变革真实存在并剧烈地冲击着人们的观念，不揣冒昧的查理一世成了这一变革的祭品。

在公开为私有财产辩护的先行者中，约翰·洛克迈出了一大步。洛克不仅仅是一个思想家，他因与初代沙夫茨伯里伯爵关系甚笃而得以与闻高层政治，在光荣革命完成英国政治体制的历史性转型后，身处政治中心的洛克也在反思人民与政府的关系，思考的集粹便是后来蜚声中外的《政府论》，或许《政府论》并非专为光荣革命而写，但成书之后便成为光荣革命的重要理论依据。在《政府论》下篇，洛克详细阐述了他的政治思想，他的论述起源于政治国家建立之前的自然状态。之所以要虚构出这样一个无人亲见、无人记述的史前时代，洛克的意图很明确，他要表明不是政治国家形成了公民社会，而是公民社会创造了政治国家，而人们彼此立约成立政府的目的旨在让后者保护其财产权，私有财产是促成政治国家出现的原动力。政府当然有权为了公共利益而进行征税，但人民从来没有赋予其苛剥的权力，政府一旦这么做便背离其根本宗旨，也失去了统治的正当性。在洛克的政治理论中，私有财产与政治国家孰轻孰重一目了然。

劳动财产理论是洛克政治理论的起点，也是理解其政治思想的关键。洛克认为是劳动形成占有，使得自然状态下的公有制与私有财产相分离，劳动不仅改变了所有制形态，劳动也使得原本无甚价值的公有财产在价值上大大提升，成为财富升值的密码。自然状态下的占有由于受腐烂原则的约束，每个人所能获得的财产是有限的，并不会妨碍他人的占有，但当作为等价交换物的贵金属货币出现后，腐烂原则便已形同具文，人类的个体差异最为直接地表现在财产的积聚上，缺衣少食、走投无路的贫者便只能选择劫掠同胞维持生活，这也直接导致政治国家的出现。出于防止国家滥用权力的考量，洛克设计出权力分立机制，并且根据权力性质，认为立法权是国家权力中最为基础性的，最后，当国家真的一意孤行、离经叛道肆意侵害人民的财产权时，反抗也就有了正当依据。洛克的政治思想始于劳动财产理论，劳动财产理论是认识洛克政治思想的线索。

对劳动财产理论的深入理解，需要建立在对洛克的不同著作开展融贯性研究的基础上。劳动财产理论开启了洛克政治理论的大门，并引申出随后有关国家目的、权力分立、正当反抗等一系列问题的思考，逻辑链条的自洽可以追溯到劳动与人的关系问题上，正是由于劳动的人身专属性，私有财产才有了立足的根本。但这样一种预设能够成立吗？尤其考虑到洛克在哲学上是一个彻头彻尾的经验论者，如果无法对上述问题有所交代，余下的推论便很难经得起推敲。我们无法在《政府论》下篇中找到这个问题的答案，但这并不意味着洛克未曾做出说明，通过对《政府论》上篇以及洛克哲学著作《人类理解论》展开的跨文本研究，我们能够对此问题给出一个颇具信服力的解释。对劳动财产理论——乃至洛克政治哲学——的研究，要避免那种仅着眼于单一文本的狭隘的孤立主义。

若要跳出洛克政治理论的框架，更进一步从思想史层面评价劳动财产理论的意义，则必须明了劳动财产理论到底解决了什么问题。观念的变革往往是累进式的，很难想象会有凭空而出的崭新理论，新理论往往是在对既有理论有所承继的基础上进行的适度创新，理论的新颖之处则在于结合时代特征对当下亟待解决的问题做出回应。洛克以前，种种对私有财产的攻讦大致可以归结为政治的、道德的以及宗教的这三类，劳动财产理论并不是回应了全部质疑，而是只在政治层面化解了对私有财产的敌视。这是否降低了对劳动财产理论的评价？答案是否定的，随着近代以来社会生活的不断世俗化，在洛克生活的年代，从道德、宗教层面对私有财产的指摘已经略显苍白无力，劳动财产理论成功打破了束缚私有财产的最后一根枷锁。

现在是 21 世纪，距离洛克活跃的 17 世纪已然过去了四百年，是否还有必要再去回顾劳动财产理论这数百年前的古董呢？思想史研究最为忌讳以今度古，保护私有财产已经成了每一个现代民主法治国家的应有之义，生长于这种环境下的今人很难想象私有财产曾经有过如此漫长的被污名化的经历，这种盲视常使人们不自觉地陷入习以为常的弊病中。不明来路，不知归途，如果不清楚私有财产从被污名化到被最终正名的这段历程，我们既无法明了为何政治理论看似颇为简单的洛克会成为人类思想史上的璀璨明星，也无法正确定位私有财产——进而涉及如何厘清公民、社会、政府这三者间的关系。具体到现实社会生活的语境中，即便在私有财产观念已然深入人心的当下，随意侵害个人合法财产的现象也并不罕见，如果不能从观念上荡涤人们脑中有关私有财产的谬误，便很难阻止错误言行的蔓延。历史是一个筛选的过程，对于经历数百年还能继续流传的劳动财产理论，仅仅这一事实本身便让人肃然。

林立战

2021 年 8 月 1 日
于滁州名儒园

目　录

第一章 绪 论

　　私有财产是现代社会的一个重要内核,其重要性毋庸置疑,但在过去相当长的一段时间里,私有财产是一个充满否定性的负面词汇。促成私有财产从阴暗走向光明的是约翰·洛克(John Locke,1632—1704 年)的劳动财产理论,洛克将私有财产作为国家政府诞生的原动力,保护私有财产是所有政府的第一要义。虽然私有财产的重要性在今天已经获得普遍认同,但是劳动财产理论在促使观念转换过程中的重要价值却被忽视了,在越发强调保护私有财产的当下,重新梳理洛克的劳动财产理论,不仅能够重现作为思想家的洛克在观念史上的突出地位,更是能够彰显私有财产对于现代国家稳定性的意义。

第一节　饱受非议的私有财产

　　对任何一个标榜自己奉行民主法治的现代国家而

言,保护私有财产皆是应有之义,保护私有财产对现代社会具有相当的重要性。私有财产的意义已经得到普遍的确认,保护私有财产是发展现代经济的必然要求。现代经济是建立在法制基础上的市场经济,法律对私有财产的明文保护使参与市场经济的主体对其行为有了确定的法律预期——也即个人经由合法经营获得的财产是不被侵犯的,由此市场主体可以完全投入财富的创造流转而不会发生小富即安、资产转移等现象。除去经济因素的考量外,私有财产的更大意义在于对人的主体性的解放:这一方面表现为发生于个人与其生产、消费资料之间的财产关系,对生命存续与身份构建具有重要意义,人的最基本最直接的活动即发生在与其占有物的交互关系上,而建立在不同主体间的财产关系更是个人社会存在的主要方式之一,财产关系是个人将其自我归属到群体性社会活动中的最为基本的手段;另一方面表现为私有财产是对人的本质力量的确认,财产是衡量个体本质力量的标杆之一,借由财产积累这种体外方式,人的本质力量得以具体化,并成为人本质力量进一步提升的条件;最后借由财产的连接作用与可通约性,个人之间互相连接以克服单体的局限性并拓展生存空间以实现生命的延续,终会迎来生命终点的个体,将其自我提升至恒久存在的重要手段便是借助私有财产实现的。因此,"财产作为人本质力量的外在积累,兼具个体性与社会性、继承性与发展性,借助财产的横向通约和纵向传继,个体的作为'人'的内涵得以保存和扩展,作为'人'的发展获得了在更多维度上展开的可能性。"[1]

有关私有财产重要性的认识其实发生在极晚近的年代。私有财产的价值在极长一段时间里是受到否定的,无论是理论界抑或实务界都担心任何对私有财产的强调都有可能导致对既有秩序的冲击,而这一种担忧因其侧重点不同又可细化为三种导向,分别为敌视私有财产的伦理、宗教以及政治原因。伦理上敌视私有财产的原因出于这样一种价值考量,即在作为部分的个体与作为整体的城邦间,其价值是完全不平等的,前者必须无条件服从后者,这就是所谓的国家—个人政治伦理观,这与近代以来倡导公民与国家作为平权主体的契约论是完全抵触的。宗教本身虽有其独特的价值关怀,然而任何一个主流宗教无不是收集迎合社会最广大群众的内心需要(不然也不可能拥有广大信徒),宗教上对私有财产的敌视在一定程度上可以看作伦理、政治此二者对私有财产担忧的庸俗化呈现(毕竟越是愚昧无知之人越是拘泥于教条)。最后,政治上反对私有财产的原因即出于最为直白的经验观察——人类历史重复上演的悲剧一再表明贫富差距是动乱之源。伦理、宗教、政治上敌视私有财产的原因构成了束缚私有财产的三重枷锁,那么私有财产是如何打破这种种束缚以至于在今人观念中达到无比重要的地位的呢?

本书认为促成私有财产由束缚走向解放的枢纽是洛克的劳动财产理论。虽然马基雅维里主义与新教伦理已然先于洛克分别破除了束缚私有财产的伦理、宗教之锁,然而伴随私有财产初步解放而导致的贫富差距并进而导致的一系列社会问题更加坐实了从政治上攻击私有财产的口实。正是洛克的劳动财产理论砸断了捆绑在私有财产上的最后一根锁链,自此之后私有财产彻底从束缚之中得到解放。洛克之后虽不时有人仍对私有财产的正当性提出疑问,但肯定私有财产已然成为不可动摇的主流,劳动财产理论彻底为私有财产正了名。也正是因为有了私有财产的彻底解放,梅因(Main,1822—1888 年)爵士才能够理直气壮地喊出:"所有进步社会的运动,到此处为止,是一个从'身份到契约'的运动。"[2] 没有私有财产的独立,一切身份的解放都是不可想象的,因此也可以说社会的进步运动也是与私有财产的解放相伴相生的。

第二节 遭到忽视的劳动财产理论

虽然在观念史的革新上,劳动财产理论具有承前启后的重要意义,然而它在理论上的重要性却长期受到忽视。国内每年产出大量以洛克为主题的研究成果,然而在众多成果里堪属优质者本已凤毛麟角,而在这极少量的优质作品中专门研究洛克劳动财产理论的更是近乎为零,学界的研究重心如果不是洛克的自由理论则是分析洛克的权力制衡理论,可以说劳动财产理论的重要性在当下国内并没有被特别提及。[3]相较于国内的研究现状,英语世界对洛克财产理论的研究则要通透得多[4],不仅有纯粹的学理分析[5],也有用劳动财产理论解决当下存在的一些实际问题的尝试[6],虽然如此,仍是缺少从思想史上明确劳动财产理论对私有财产解放的重要性的文献。海外对洛克的研究当以英国剑桥学派最为出众,拉斯特莱、邓恩都曾对《政府论》做过别出心裁的解读,为学人提供了审视洛克的独特视角,在这之中应当特别提及剑桥学派第三代领军人物詹姆斯·塔利,塔利的著作不仅梳理了从中世纪到洛克期间内有关财产观念的一步步变化,也在洛克哲学著作与政治理论之间筑起了沟通的桥梁。[7]此外在约翰·麦克里兰(J. S. Mcclelland)、乔治·萨拜因(George Holland Sabine)、列奥·施特劳斯(Leo Strauss)三人所著的思想史中,也提供了理解洛克的独特进路。[8]

本书认为对劳动财产理论的认识可分解为四个步骤。首先,必须明确劳动财产理论到底解决了什么,它在理论上的真正对手是什么,这是认识劳动财产理论的第一步。其次,洛克的劳动财产理论发源于自然状态,在自然状态下有一些与劳动财产理论密切相关的重要命题,这些命题以一种看似独断论的方式被抛出,但考虑到洛克在哲学上是一个经验论者,于是有必要对这些命题的来源加以厘清。再其次,分析劳动财产理论的内在结构。洛克返归政治国家建立前的自然状态,事实上他也只有这么做才能够彻底化解从政治上攻击私有财产的难题,毕竟一旦在既有国家框架下谈论这一问题,其答案皆不可能是根本性的,必然只会是对现有缺陷所做的一种无可奈何的妥协,洛克在其著作中表明虽然财产最初是以公有制的面貌呈现的,但正是个人的劳动赋予本微不足道的公有财产以最大化的价值,而劳动的人身专属性又可以从洛克的认识论上得到确认,由此私有财产从来源上便是正当的。话虽如此,洛克仍然认为私有财产的行使要受制于腐烂原则,然而伴随商品交换复杂化而出现的货币使人类第一次有了突破腐烂原则的可能,于是人可以拥有多于自身需求的财富而不必受到任何良心上的谴责。最后,劳动财产理论的逻辑展开。货币之滥觞一开便使人在能力上本微不足道的差异变得极具意义,于是便有了穷人与富人之分,而发生在此二者间的剧烈冲突更是促使原初人类从自然状态立约迈入国家政府的原动力。至此,长期被视作洪水猛兽的私有财产经劳动财产理论一番诠释之后,摇身一变成为政治国家诞生的第一推动力,建立政治国家的目的便在于保护私有财产,国家政府也成了私有财产的守护神,洛克论述中涉及的一切对政府权力的限制——譬如权力制衡、代表制等——都可以视作劳动财产理论的必然推导。

　　只有从上述四个循序渐进的环节渐次对劳动财产理论加以剖析,方能明白洛克的真正意图。

想要明晰劳动财产理论而不顾洛克的哲学认识论是不可能的,劳动财产理论的重要一环在于表明专属于个人所有的劳动是沟通私有财产与公有财产的桥梁,但劳动的专属性并未在《政府论》而是在《人类理解论》中以"人格同一性"的方式加以论证。然而除却用以表明劳动专属于个人享有的"人格同一性"外,洛克哲学对洛克的政治理论仍有着较为重要的意义。洛克生活的年代,社会科学在方法论上极力仿效自然科学以追求理论基础的稳定,但洛克却要试图实现逆转,他要证明社会科学在理论的稳定性上完全可以超越自然科学,进而为劳动财产理论找到坚实的存在基础。

有鉴于此,本书认为对洛克哲学与政治学的关系稍加梳理并非徒劳而是极有必要的,在洛克哲学中潜藏着劳动财产理论的根基。洛克在《人类理解论》开篇便认为人类诸多争议皆是来自概念的不确定性,洛克的哲学抱负即是做一个打扫知识繁芜的清道夫。他认为人类的心灵就像一张白纸,可以正确复制为感官所获得的简单观念,一切简单观念皆是确定客观的,除去简单观念外,人还具有合成简单观念创造复杂观念的能力,而政治理论即是这种复杂观念之一。洛克又借助复杂观念对知识门类进行再划分,并通过"造物主模式"(即只有造物者方能看清被造物)进而认为对于由神所创造的自然物理世界,人永远只能获得概然性——一种不确定的——了解,人对于由其相互立约创造的公民社会具有类似于造物主的地位,因此对于社会知识,人是可以获得全然把握的。由此,社会科学获得了超越自然科学的稳定性,洛克将其政治理论置于颠扑不破近乎真理的崇高境地。

虽然劳动财产理论诞生之际距今已然有近四百年时间,然而劳动财产理论的意义并不会因为时间的流逝而消磨殆尽。对劳动财产理论重要性的认识可以从以下数方面展开:

其一,劳动财产理论的时代意义。英王查理一世出于对苏格兰战争的需要而强行征税,是为英国内战的导火索,此后王权虽得到限制,但其边界究竟为何仍十分模糊,身为辉格党首席政论家的洛克以其劳动财产理论明确界定了政府的权力边界,重申了资产阶级法权,从理论上荡涤了一切妄图复辟王权之反动举措。

其二,劳动财产理论的理论意义。经由劳动财产理论的演绎,政府起源的初始动力为人类保护私有财产的欲望,成立政府的目的即在于此,任何逾越此界限的政府行为皆当被定性为失格，政府所扮演的角色多为消极意义上的——守望公民社会、惩罚侵害私有财产之行为，洛克笔下的政府仅具备此最低限度之功能。洛克以消极权力重新诠释政府意义，这无疑遥启近代自由主义，洛克也因此常被视作自由主义之先驱。

其三，劳动财产理论的现实意义。姑且不论一切现代民主法治国家对私有财产的保护皆可追溯到劳动财产理论，由于科学技术进步而在 20 世纪末诞生并飞速成长的网络，已经成长为现代生活所不可缺少的重要资源，个人于现实存在之外又在互联网上多出一重虚拟身份，伴随虚拟身份而产生的无形虚拟财产，其性质该当如何界定早已跳出学术圈成为全社会的热门公共话题，虚拟财产在定性上的困难，往往在于难以确定财产的增值部分，对此不妨反观数百年前洛克在劳动财产理论中有关公共财产与劳动的分析，这或许不失为一种思考路径。

第三节　认识劳动财产理论

本书认为若要明晰辩白某位思想家在观念史上的理

论贡献,便应当以思想史的宏大视角去审视其地位,这就要求不仅要对该思想家所写著作做一系统明白阐述,还要梳理理论界就某一问题在该思想家之前是何种认识、在该思想家之后又是何种看法。本书从观念转型这一视角去阐述洛克劳动财产理论的意义,这也就决定了本书必然要涉及两个问题:私有财产在洛克以前受到限制的原因、劳动财产理论是如何彻底肯定私有财产的价值。这两个问题几乎具有同等重要性,不厘清洛克以前思想界的境况便不足以明了洛克劳动财产理论在观念史上的重要性,而不系统梳理劳动财产理论又不足以认识何以在古代被视作洪水猛兽的私有财产在今天却被当作基本权利受到重要保护,劳动财产理论在这一认识转型的过程中居于重要位置,是促成私有财产打破束缚走向解放的最大冲力。

本书的研究领域属于西方法律思想史,对西方法律思想史的关注始终都是法学理论的传统知识领域。法学理论作为一门学科,其存在必要性长期以来受到质疑,它一方面受到法律实践者所持"缺乏实践性"的攻击,另一方面又面临来自部门法理论者所持"知识冗余性"的质疑。那么作为独立学科,法学理论的特殊性究竟何在呢?

在《法理论为什么是重要的——法学的知识框架及法理学在其中的位置》一文中,陈景辉回应了这两方面的质疑,一方面,他认为即使在通常情况下,人们仅依照习惯便可较好地处理实践问题,但在面对实践难题时必须依赖理论的指导,而实践难题事实上又是理论争议在现实层面上的表征;另一方面,他认为法理论可分为实在法理论与规范法理论两种,前者注重法的实然层面,后者则强调法的应然层面,后者多是脱离特定社会文化背景的抽象的法,法学理论在实在法理论这一层面实在没有与部门法理论争锋的必要而是要将重心置于规范法理论。[9]张书友教授在《何谓法理学》一文中表明对法理学学科性质的理解既不能从惯有的三种进路(中国当下法理学学科、20 世纪以来"法理学"名目、奥斯丁关于法理学的表述)入手,也不能将法理学等同于法学与其他自然科学(事实科学)的交叉学科,"一言以蔽之,便是法律的共相,即一切法律的一般原理。"[10]作为现代法治核心概念的"私有财产",法理学科不仅要在事实层面肯定其价值,更要深入表象背后在规范层面上明晰这一概念的正当性来源。此外,在《法律帝国》中,罗纳德·M. 德沃金(Ronald Myles Dworkin , 1931—2013 年)也强调法律不能只关注事实与法律问题,道德问题同样也要引起法律的注意,他认为一切法律上的难题并非来自对事实认定的偏差也非法律适用的问题,更多的则是隐藏于法规背后的道德论争,然而现存的法理论对这种论争的解决却是没有助益的,"令人难以置信的是,在法律的理论性争论中,我们的法理学却没能提供令人信服的学说,法哲学家当然明白那种理论性的争论是有问题的,意识到很难对那种争论的性质一下子就能弄清楚。不过,他们中的大多数都会认为我们即将见到的是一种遁词而不是答案。"[11]法律问题当然为法理论所要解决的重要导向,但法理论除此之外也有着独特的关怀,它难免要卷入道德论争之中,尝试去解决诸多部门法理论无法回答的上位问题,这也就必然要求法理论以一种更为宏大的视角去看待整个法律,而不同于美国法理学对裁判技艺的钻研,欧陆法理学一贯以政治、经济、社会、文化这样宽广的视角去理解法律[12],法既是法,又不仅仅是法。

除去绪论与结语,本书的主体结构分为三个部分。

第二章梳理了洛克以前反对私有财产的原因,将其归结为对既有秩序可能发生震动的恐慌,而因其侧重点不同,又可将之细化为伦理、宗教、政治上敌视私有财产的原因，这分别构成本书第二章的三个小节。

第三章阐述洛克的劳动财产理论，先是表明束缚私有财产的伦理、宗教枷锁已被马基雅维里主义与新教伦理破除，劳动财产理论面临的真正问题是打破束缚私有财产的政治枷锁；本章接着展示洛克是如何得出与劳动财产理论密切相关的重要命题的；继而进入劳动财产理论内部，洛克返归国家政府成立前的自然状态，将私有财产定性为推动政治社会建立的第一要素，人们彼此立约成立国家的目的即在于保护私有财产，任何随意侵害个人财产的政府行为皆当被定性为非法（违反自然法），劳动财产理论是贯穿洛克政治理论的主线；最后本章论证劳动财产理论在洛克整个政治理论中处于枢纽地位。

第四章重在阐述洛克政治理论的认识论基础，这部分与本书主旨并非没有关联，洛克生活的年代正是社会科学套用自然科学研究方法十分盛行的年代，意图使其著作在逻辑上获得能够比肩自然科学的稳定性是那时每一个人文主义者的梦想。然而洛克并不单纯止步于此，他意图利用"复杂观念"对知识门类进行再划分进而使人文社科理论获得超越自然科学的稳定性，其终极目的在将其政治理论置于颠扑不破的崇高地位。

本书主干结构为第二、第三、第四章,第五章结语部分为开放式,言有尽而意无穷,此章旨在表明因私有财产彻底解放而产生的种种社会问题重燃对私有财产的指责,对私有财产呛声最著者无疑当属马克思,然而即便是马克思对私有财产的攻击仍不脱本书在第二章中归结的对私有财产的攻击类型。

注释

〔1〕闫何清:《财产、制度与人——关于财产问题的哲学研究》,中共中央党校 2011 年博士学位论文。

〔2〕[英]梅因:《古代法》,沈景一译,商务印书馆 1996 年版,第97 页。

〔3〕在以"洛克""财产"为关键词在中国知网上检索近十年国内对洛克劳动财产理论的研究成果,可喜的是每年以相关主题发表的文章皆有三四十篇,但是在这十年内为核心期刊收录的文章统共不过七八篇,而在这仅有的七八篇文章中,有的实是因为知网检索功能的失败而出现的非以劳动财产理论为主题的文章,有的则是略略提及劳动财产理论,其重点实是放在洛克于国家政府建立后的政治论述上。譬如林国基:《洛克的"创世纪"——读〈政府论〉》,载《政法论坛》2011 年第 5 期,该文实是以《圣经·旧约·创世纪》为切入点重新审视洛克对菲尔默的反驳并将《政府论》下篇中的自然状态喻为洛克的"创世纪";肖红

春:《洛克自然权利理论的历史性意蕴》,载《哲学动态》2011 年第 2 期,其重点则在于分析洛克自然权利理论的独特之处;钟丽娟:《自然权利的人性基础》,载《法学论坛》2011 年第 1 期,则试图寻找洛克自然权利理论背后的伦理基础;而张国清、曹晗蓉:《契约、正义与和解——洛克政治哲学再考察》,载《哲学研究》2013 年第 5 期,此文的重点则在于考察洛克的社会契约理论。

〔4〕在中国知网外文数据库中以"Locke""property"为关键词全文搜索自 2010 年以来的英文文献并将初步搜索结果限定在哲学、历史学、法理、法制史、政治学等人文社科领域后,可得出 85 个词条。之后对此 85 个词条逐一进行甄别,在去除无意义重复以及因搜索技术缺陷导致的不相关结果后,最终得出自 2010 年来与本书主旨相关的英文文献共 12 篇。

〔5〕英语世界对劳动财产理论的学理分析包括:一、论证洛克在有关保护私有财产与慈善上的表述不存在矛盾,Juliana Udi, *Locke and the Fundamental Right to Preservation: on the Convergence of Charity and Property Rights*, The Review of Politics, Vol. LXXVII (2),191-215(2015)。二、劳动财产理论对包括父子、夫妻、主仆、个人—国家等在内的各种关系的重构,Stanley C. Brubaker, *Coming into One's Own: John Locke's Theory of Property*, *God and Politics*,The Review of Politics, Vol. LXXIV (2),207-232(2012)。三、通识性介绍洛克关于财产与货币的理论,Matthew Stuart, *A Companion to Locke*,John Wiley & Sons,Inc.,2015。四、将劳动财产理论作为近代以来私有财产正当化过程中的一个分支,与此

同时回顾马克思批判私有财产的理由,最终得出私有财产在现代的行使要受到必要的规制,Peter S. Menell, *Property, Legal Aspects*,Elsevier Inc. ,2015。五、将劳动财产理论中的"腐烂原则"单独析出,表明洛克是最早的环保主义者,Liebell, Susan P, *The Text and Context of " Enough and as Good"：John Locke as the Foundation of an Environmental Liberalism*,Polity, Vol. XLⅢ(2), 210-241(2011)。六、比较洛克与霍布斯在自然状态下对财产的相关表述,Michael Davis, *Locke（and Hobbes）on "Property" in the State of Nature*,International Philosophical Quarterly, Vol. LⅢ(3), 271-287(2013)。七、比较洛克、康德、斯坦纳三人在财产与领土上的表述, David Miller, *Property and Territory：Locke, Kant, and Steiner*, Journal of Political Philosophy, Vol. XIX (1),90-109 (2011)。

〔6〕对洛克劳动财产理论的实践性探讨主要集中于知识产权保护上,J. Savirimuthu, John Locke, *Natural rights and intellectual property：the legacy of an idea*, Journal of Intellectual Property Law &Practice, Vol. VⅢ(11),892-894(2013)；Kenneth Himma, *The legitimacy of protecting intellectual property rights：The irrelevance of two conceptions of an information commons*, Journal of Information, Communication and Ethics in Society, Vol. XI(4),210-232(2013)。也有将之用于争议领土的解决上,Carol J. Brown-Leonardi, *Notions of property：traditional land use and boundaries in the Deh Cho region*,Polar Record, Vol. XLVⅢ(3),249-254(2012)。更为新颖

的是,有学者提出将劳动财产理论用于对病人信息的保护上,Jani Simo Sakari Koskinen et al, *The concept of Datenherrschaft of patient information from a Lockean perspective*, Journal of Information, Communication and Ethics in Society, Vol. XIV (1),70-86(2016)。

〔7〕剑桥学派最典型的研究方法为"语境研究",简要来说,"语境研究"指不单纯局限于文本研究而要对观念本身作一种历史性考察,在《论财产权:约翰·洛克和他的对手》一书中,塔利考察了自中世纪托马斯·阿奎那以来财产观念的逐步变化,认为洛克的财产理论特别是最初财产共有的观念得益于阿奎那颇多,塔利也将洛克劳动财产观念与格劳秀斯、斯宾诺莎的财产观念做出比较,认为洛克以劳动为媒介成功化解了从共有到私有这一理论难题。另外在该书中,塔利还梳理了洛克政治理论的认识论基础。参见[英]詹姆斯·塔利《论财产权:约翰·洛克和他的对手》,王涛译,商务印书馆2014年版。

〔8〕[美]约翰·麦克里兰:《西方政治思想史》,彭淮栋译,海南出版社2003年版。

[美]乔治·萨拜因:《政治学说史》(第四版)(上卷),邓正来译,上海人民出版社2010年版。

[美]列奥·施特劳斯、约瑟夫·克罗波西主编:《政治哲学史》,李天然等译,河北人民出版社1993年版。

〔9〕参见陈景辉《法理论为什么是重要的——法学的知识框架及法理学在其中的位置》,载《法学》2014年第3期。

〔10〕张书友:《何谓法理学》,载《法学教育研究》2013年第2期。

〔11〕［美］德沃金:《法律帝国》,李常青译,中国大百科全书出版社1996年版,第6页。

〔12〕关于欧陆法理学与美国法理学在研究内容上的差异,可参见苏力:《法治及其本土资源》,中国政法大学出版社1996年版,第222页。

第二章　束缚私有财产的三重枷锁

　　社会性是人类的固有属性,社会关系的"枷锁"是与生俱来颠扑不破的,即使再具有独立精神的人也要与外部社会保持某种若即若离的关系。作为个体的人一方面总是力图摆脱社会的控制,追求宁静生活,另一方面个人生活的品质是与其社会化程度成正比的,越是社会化程度高的人越能够从社会获取更大的利益,进而满足自己对生活质量的要求,因此常可见许多人不顾枷锁束缚而争先恐后地力求加入某个社群之中。

　　在这样的交互过程中,个体找到了其在社会中的归属,并由此形成了所谓的社会秩序。社会秩序总是倾向于稳定而非混乱,但人的欲望却是无际无边,欲望总是怂恿个体去尝试更高更难的目标,无论对个体抑或社会而言,无限扩张的欲望都是有害的,一方面个人的能力终归是有限的,他只能取得与其相应的社会地位,过高的不切实际的目标只会使他在每次尝试后感到失望,并在无限往复循环中坠入绝望的深渊,另一方面正常生活的展开以稳定的社会秩序为前提,混乱的社会秩序使正常生活不可能。

　　欲望本乎个体,所以任何希冀由个体去约束欲望的想法,最后都会归于无效,对欲望的规制只能源自外部力量,由此社会必然以某些手段去规制无限扩张的欲望,使其大致明了扩张的极限,进而将整个社会秩序稳定化。纵使社会意图压制不切实际的人欲、构建稳定的秩序,但私有财产的存在却常常激发欲望进而将社会秩序置于不确定的边缘。突如其来的一笔横财会刺激本已趋于平静的欲望使其再次蓬勃,进而驱使迷醉中的个体尝试各种不可能的目标;家资巨富的土豪更是在物质享乐与役使他人的快感中对其能力陷于一种浮夸的自信中。无疑,这两种状态都使人重新被欲望俘获处于盲目自大的骄傲中,对此类人而言,在其人生字典中绝无"不可能"一词,他们相信只要自己愿意便什么都能实现。对任何一个企望稳定秩序的社会,此类人都是危险的,正是出于对既有秩序可能发生动荡的担心,历来诸多思想家虽然肯定私有财产在维持个体存在上的意义,但仍对其抱持批评态度,攻击私有财产的理由形形色色但总不外乎此。

话虽如此,仍可将这些具有共同指向的否定理由因其具体关注点不同进一步细分为反对私有财产的伦理理由、宗教理由与政治理由,它们共同构成了束缚私有财产正当性的三重枷锁。

第一节　束缚私有财产的伦理枷锁

在国家与个人关系上存在着两种相异的见解。第一种观点即主张国家与个人平权的社会契约论,第二种观点将国家与个人视作两个相关的但在伦理上不等值的主体,"国家作为一般的和整体的存在,被解释为某种比拥有不同利益的各个公民更有价值的绝对存在。伦理上价值小的主体服从于价值大的主体,这是绝对的伦理义务,它的道德激情产生于其他根源,而不是产生于平等原则;发动于其他目的,而不是发动于相互的期望"[1]。第二种政治伦理观早在古希腊城邦时代便已出现,它要求城邦与个人都不能止步于物质的享乐而要实现道德上的完满,个人在道德追求上是既服从于城邦又统一于城邦的,国家裹挟着个人向着一个高尚的极难实现的目标前进,对于这一目标个人无权说"不"，一旦个人在操行品性上腐化堕落便会被视作危害邦国这个有机体的一个毒瘤从而受到无情排除，而私有财产又常被视作诱惑个人走向倾颓的罪魁。束缚私有财产的伦理枷锁详尽表现在亚里士多德（Aristotle，公元前384—公元前322年）的政治理论中。

亚里士多德认为一切物皆存在专属的最高善，最"自然"的存在方式当属向善而生。"人的善就是合德性的实现活动，如果有不止一种的德性，就是合乎那种最好、最完善的德性的实现活动"[2]，持续过着一种为德性所充满的沉思生活是人一生所应追求的最高目标。一切人皆要生活于城邦中，依城邦与个人组织关系的不同将城邦划为不同类型，亚里士多德认为真正的城邦将人的各项功能置于政治机构的规制下进而导致被认为是优良的道德生活。对善业的追求即是维系城邦与个人关系的纽带，较小伦理主体的个人也要服从这一目标。遍察古往今来各城邦兴衰更替的史实，亚里士多德认为平民阶级与贵族寡头的对立是一切动乱的根源，而中产阶级作为阶层对立的缓冲在品性上具备所有美德，既不像平民阶级愚昧顽蒙也不似贵族寡头暴戾恣睢，因此只有当中产阶级掌握国家政权时方是长治久安之道，再根据另外一条至理"我们以前曾屡次讲到保全的重要办法在于保证一邦之内愿意维持这一政体的人数超过不愿意的人数"[3]，于是国家之要务即在于扩充本邦之内的中产阶层。

相应于国家在为政之道上的中庸，个人在居家治产上也要保持适中有度，"德性是一种选择的品质，存在于相对于我们的适度之中……德性是两种恶即过度与不及的中间"[4]。亚里士多德认为货币的产生是人为约定的、非自然的，是伴随社会对以物易物简单快捷化的需要而出现的，货币虽本自约定但一经形成便彻底变革了人类生产生活的目的，本仅以满足生活需要为限度的生产方式让位于对财富的追求。而在追求财富的道路上本就是没有尽头的，执迷财富者误以为家务管理的要义就在于无止境的聚敛，更有甚者认为钱币便是人生真正的财富，而人生的目的不是在于保持其储蓄就是在于无止境地增多其钱币。在亚里士多德看来人生的真义本在于善德的修行，包括货币在内的财富都只是辅助人达致至善的必要条件，执迷于聚敛的人无疑倒本为末将本应是人生末枝的财富误作人生的全部——不是利用美德去追求财富而是利用财富去修行美德，于是亚里士多德自然认为财富是有其边界的，以能够维持生活必需为限。在获取足够维持生活所必需的财富后,个人应将剩余时间用于美德砥砺上,使其与城邦的美德相符,在城邦的统属下达致人生的真正境界,这方是正确处理了手段与目的的关系,而面对当时城邦多数民众舍本逐末的行为,亚里士多德便只能感叹:"家务重在人事,不重无生命的财物;重在人生的善德,不重家资的丰饶"[5]。

如果说亚里士多德在财产问题上尚保持某种必要的克制的话,那么犬儒主义(Cynicism)则将这种观点推进至极致。犬儒学派的哲学基础基于这一原则:智者应当是完全自给自足的。他们将该项原则的意思认作:"惟有在一个人的能力、其自己的思想品质范围内的东西才是一种善生活所必需的东西。除了道德品质以外,一切都无关紧要。"[6]无关紧要的东西包括但不局限于公民身份、婚姻、家庭、财产、学识与声誉等,一以概之就是文明生活所奉行的一切惯例与信念。为了向善而生,犬儒主义者们往往倾向于禁欲与苦行。犬儒主义者们在外部特征上常常是长发赤足、衣衫褴褛,随身携带充作拐杖的木棍。犬儒主义者过于极端的言行使人失去作为人所应有的基本尊严,于是埃利亚的芝诺(Zeno,公元前490—公元前425年)毅然决定与犬儒主义者分道扬镳,创立了斯多葛派(the Stoics)。在伦理心性上,斯多葛派主张个人在道德上的自洽,"它力图经由严格的意志训练来教人们学会自足;它提倡的美德是果敢、坚忍、忠于职守和不受享乐的引诱""一种与加尔文主义相类似的宗教论说更是强化了这种义务感"[7]。虽然斯多葛派主张对个性以外的一切采取绝对冷漠的态度,他们劝告个人自我满足,但是他们同时使个人处于严格依赖普遍理性的状态,甚至使个人成为实现这种理性的工具。

虽然古罗马人与古希腊人在具体的政治制度上并不相同,但同样认可国家是导向幸福的最终源泉,好的国家是那些能够在国内保持高道德水准的国家。提及一个好的国家领导人所应具备的品性时,马尔库斯·图利乌斯·西塞罗(Marcus Tullius Cicero,公元前106—公元前43年)提出了诸多道德上的优良特质[8],在他们身上看不到分毫私欲的存在更谈不上对私有财产的渴望了,这些美好道德共同指向公共利益。哲学皇帝马可·奥勒留(Marcus Aurelius,121—180年,161—180年在位)也多次强调道德的重要性,人生的意义在于道德修炼,在道德修炼上永远没有尽头,要尽可能避免沾染恶习,"过朴实的生活,摒绝一切富贵之家的恶习""不要避免劳苦,要减少欲望,凡事要自己动手做"[9]。及至公元四世纪,基督教被确立为罗马国教后,上述政治伦理更是被以基督教道德包裹的"君主宝鉴"形式为各世俗统治者所接受。

这重束缚私有财产的伦理枷锁早在古希腊时代即已被锻造成形,它以国家、个人在伦理价值上的不平等为基础,强以集体的目标压倒个人对自主生活的追求,伦理上相同的目标统辖着国家与个人,无论个人愿意与否,他们都要保持一种高尚的道德生活。私有财产被置于消极地位,占据多于必要的私有财产在某种程度上就等同于恶习丑行,似乎一个人只要对私有财产动了念头便等同于坠入道德的万丈深渊。若想打破这重束缚私有财产的伦理枷锁,就必须将个人与国家相分离,肯认除却集体目标外,私人生活及其目标是完全正当的,只要达成此点,一切出于伦理上对私有财产的攻击全都不再成立。

第二节　束缚私有财产的宗教枷锁

宗教从根本上来说是一种抽象的形而上学的信仰体系,宗教观念发源于特定的社会条件,虽然宗教观念在产生之后一定程度上会独立于社会实践,但是绝不可能脱离实践,宗教观念虽然会对社会产生一定的反作用,但是这种作用本身不可能十分巨大,如果说某一宗教在一定期间内具有强大的影响力,这也只是因为它符合了社会实际,迎合了大众在精神上的需求。更多时候人形构出宗教观念是旨在以信仰之力去桎梏理性,使现实秩序在神秘感的笼罩下变得更加坚固。任何权力和财富的突然增加从来都是对既定秩序的潜在威胁,当因财富增加而使生活发生改变时,原本调节生活所适用的尺度再也不能继续保持原有的姿态,必然做出相应的改变,毕竟这样的尺度本身即是随着社会财富的变化而变化的,用这种尺度去确定每一类生产者所应得的份额。既有标准因社会财富的增加而被打乱,但新的标准仍需要一定时间方能成立,只要新的尺度一天未曾建立,那么各种社会力量就仍处于紊乱的状态,价值观本身也处于不确定状态,自然也就不会有什么规章制度。这就难怪许多宗教宣扬贫穷的好处,毕竟贫穷是一种制动器,它使国家秩序获得了一种特殊的免疫力。

一、耶稣的原教旨主义

作为西方文明源流之一的基督教,在其教义文本中对于财产一直保持着谨慎的距离。从伯利恒的马槽到耶路撒冷的十字架,在耶稣作为人之子行于世上的三十三年,陪伴于其左右的始终是一群籍籍无名之人,人子在地上作为人的日子,总是如同普通人一般受到各种规矩的辖制,而且是无情的规矩。可以想象生活在小村庄里,未婚先孕的马利亚必然不时会受到道德诟病,好像上帝故意安排令人羞辱到极点的环境,来迎接他自己的降临。关于耶稣的外貌描写,整本圣经中只能找到一处,这段描述写在耶稣诞生前几百年,是对以赛亚形象的描绘:

> 他无佳形美容,也无美貌使我们美慕他。他被人藐视,被人厌弃,多受痛苦,常经忧患。他被藐视,好像被人掩面看不到一样,我们也不尊重他。(《以赛亚书》52:14;53:2—3)[10]

耶稣的脸并没有任何过人之处,在外形上甚至比普通人还要不如。即使是施洗约翰也承认,如果不是特别的启示,他也无法认识谁是耶稣。耶稣其后更因希律王的迫害而不得不逃亡埃及。《圣经》上关于耶稣出生以及幼年时期的描写,多少使人明白,即使整个世界倾心权力与财富,耶稣却偏向失败者,他与弱者为伴,他会尝遍人间的一切屈辱。

当耶稣长成开始传道，"耶稣所带领的这批人，没有总部或是任何的居所，而且除了一个管钱的犹大以外，其他人也没有什么职分。在财务上，他们似乎也是勉强度日，为了凑钱交税，耶稣还得打发彼得去捕鱼。当要向人们说明'凯撒的归凯撒'这个道理时，他还得向人借一个铜钱。唯有一次决定不步行进入耶路撒冷时，也不过是向人借了头驴驹。当他的门徒们经过麦田时，他们根据摩西那条专门给穷人的律法，就掐起麦穗来吃。"[11]在他第一次面对公众的演说即著名的登山宝训中，耶稣祝福为现世所遗弃的八种人，耶稣的任务正是要拯救这些在残酷的社会竞争中不幸沦为底层的贫苦大众，他向这些人做出保证，他们的服侍并不会被忘却，他们将比其他人更优先得到奖赏，当人开始承认自己无助的时候，离被拯救也就不远了，报偿的时刻就要到来了。他还向他的门徒们警告说财富会使人远离真正的国度：

> 我实在告诉你们：财主进天国是难的。我又告诉你们：骆驼穿过针的眼，比财主进神的国还容易呢！（《马太福音》19：23—24）

在通往至福国度的道路上，那些诸如强壮、貌美、关系以及懂得竞争等能使人在社会中获得成功的天性恰恰是阻碍人进入天国的障碍,相反,无助、悲哀、忏悔、渴望、改变这些却是进入上帝国度的门,耶稣实现了伟大的逆转,不是"适者生存"而是"受害者得胜"。

二、后耶稣时代的"修正主义"

毕竟只有少数宗教达人方能恪守极端的原教旨主义,对于普通教众来说,他们还是要在现世内寻求某种精神上的寄托,不可能彻底否弃尘世生活,耶稣自己也曾表示只有能够背负起十字架的人方有资格跟随他,可以想见能够做到这一步的永远只是极少数。承袭耶稣事业最为重要的人物圣·保罗(St Paul,约5—约67年)试图谋求宗教与世俗权力的和解,他不仅自己仍坚持旧业,也鼓励别人"要立志作安静人,办自己的事,亲手作工"(《帖撒罗尼迦前书》4:11)。虽然保罗看到了钱财对于基督教扩张的积极作用(他本人就为教会募集大量财富),同时他也承认富人也有通往天国的道路,但保罗仍对财产抱持谨慎态度,"贪财是万恶之根。有人贪恋钱财,就被引诱离了真道,用许多愁苦把自己刺透了"(《提摩太前书》6:10)。"你要嘱咐那些今世富足的人,不要自高,不要倚靠无定的钱财"(《提摩太前书》6:17)。在保罗看来,财产只是为信徒步入天国提供了一定程度的便利,他所倡导的是在财产使用上的合理正当,"你要为真道打那美好的仗,持定永生。你为此被召,也在许多见证人面前已经作了那美好的见证"(《提摩太前书》6:12)。

公元 410 年罗马为蛮族哥特人所洗劫,异端学说纷起指责正是被确立为国教的基督教有关一仆二主的规定削弱了罗马的国力,此时基督教必须回应所有对教会的攻击,重新思考教会与世俗权力的关系,以实现思想认识上的统一。奥古斯丁(Augustinus,354—430 年)解决了当时基督教所面临的挑战,之后中世纪千年,教会都是在他的理论基础上不断调整与世俗国家的关系,直至中世纪末期渐次强大的世俗权力再也不愿受缚于教会,教会才不得不接受自己在政治舞台上的次要角色。世上最强大的国家罗马,其发迹竟是建立在手足相残这样不堪的事实之上,更遑论其他国家。与天上之城相比,地上之城不过是一瞬间,救赎与否全掌握在上帝手中,这尘世本无意义,真正的生活始自末日审判之后,最后一个获得救赎的灵魂进入天上之城时,美好永存的国度方始到来。奥古斯丁将世俗政权的本质视作第四等的建制,"国家不如天国之城与教会,是可以确定的,大概也不如尘世可能有的最好的,由《福音书》启发的君主统治的国家,而且差不多确定比一般所想的更接近下地狱者之城。"〔12〕即使如此,个人仍需服从世俗政府,据奥古斯丁看来,本是质性纯良的人类自原罪之后便人人有罪,世上本无无罪之人,那么法律无论好坏、君主无论贤愚都不可能出现冤枉一人的情形,政治的治理不过是以大恶制裁小恶,民众当以对政治权力绝对服从的耶稣为榜样。奥古斯丁对待国家的消极抵抗更多体现的是对现世生活的无视,世俗生活既已无甚意义,那么私人财产更是没有地位了。

各大宗教虽在具体教义上有所不同,但在苦修得救赎上却是极相类似的,如古印度的裸体智者、当下很多佛教派别仍坚持僧人"手不摸金"的做法,凡此种种不一而论,故上文只以与西方文明关系最为密切的基督教去说明宗教上敌视财产的缘由。虽然宗教诫命有关财产的表述是严格的,然而事实上能够坚持做到的只是少数宗教达人,多数普通僧侣很难完全按照诫命自持,作为个体的基督教僧侣无疑是身无财产赤贫的,然而作为基督教僧侣集合体的教会却坐享巨额财富,这巨额财富又餍足了无数僧侣对物质的渴求,而一向被视作教会首领、基督教世界精神领袖的教皇更因其崇高的地位而名实双收。教会在实践上背离教义的做法长期以来都授人以柄,毕竟宗教达人永远只是少数,宗教无法强迫庸人去恪守戒律而只能让戒律更符合庸人的口味(只要它还想继续成为一个拥有广大信徒的大宗教),这一事实即表明亟待从神学理论上调和财产与诫命的关系,使救赎不致因拥有财产而受到影响。

第三节　束缚私有财产的政治枷锁

与上述出于政治伦理的考量敌视财产的动机不同,部分思想家敌视财产的理由是出于对阶级对立的担心。仇富是每个人天生的心态,贫富对立往往是国家动乱的缘由之一,面对当时普遍存在于穷人与富人之间的敌视,以及由此产生的民主寡头交相执政进而使整个城邦的秩序长期处于混乱的情况,柏拉图曾不无悲观地认为任何一个城邦都分成贫富两个不同的城邦。[13]如果私有财产的出现是不可避免的,那么如何避免因其出现所可能造成的对国家秩序的冲击,就成了一个值得思考的问题。

一、斯巴达与雅典的实践

斯巴达的莱库古改革使财富失去了令人垂涎的特

性,消除了财产自古以来作为财富的本质,隶属于斯巴达城邦下的每一个公民都"处于平等的地位而且具有独立的人格,所谓平等是每个人的所需都可获得供应,所谓独立是每个人的所需真是微不足道"[14]。莱库古改革的重点在于将土地与公民手中的动产重新加以分配,使可憎的差别与不公不再存在于众人之间,配套而行的还有币制改革,他将原本通行的金币银币统统回收,取而代之的是重量很大但币值却极其低微的铁币,这种货币在携带与贮藏上的不便性自然瓦解了民众积聚财富的欲望,币制的不便更使非必要的手工艺不可能存在于斯巴达,现行流通的货币不适于支付精致的制品;铁币的运输不便,即使想尽办法出口,在希腊其他地区也不能流通,徒然惹起大家的讪笑。富室比穷人占不到多大好处,他们的财富和积蓄没有办法拿出来,藏在家里变得一无是处。[15]

与币制改革同时进行的公共食堂就餐制,使任何试图逃避共餐的行为都会受到严厉的指责,而食堂供应的食物本身又极其恶劣。家庭生活被彻底摧毁,城邦不仅干预男女之事也承担起对儿童的教育,这些不近人情的规定都是为了能够砥砺城邦公民的美德,使其以前所未有的程度团结在一起,只有大写的城邦而没有单数的个人。而在普鲁塔克看来,一旦到了阿基斯统治的时代,金银通货开始注入斯巴达,对于财富的欲望毫无节制,所有的灾祸也开始接踵而来。社会的混乱是赖山德(Lysander,?—公元前 395 年)所促成;他在数次战争以后带回大批战利品,一旦立国精神遭到腐蚀,斯巴达距离败亡也就只是时间的问题。

与斯巴达不同,雅典并未将商业视作邪恶之事,海外贸易与海军使雅典受益良多,虽然每天有大量的资金在城邦内流进流出对雅典人而言是件正常的事情,但因此而造成的阶级分化确实引起了有识之士的担忧。当梭伦执政之初,贫富对立达到极为严重的程度,城邦已经处于极度危险的关头。梭伦挽救城邦的手段在于其成功调停贫富两个阶级。在不触及土地的情况下,梭伦废除城邦内所有债务,并将公民按财产等级划为四级,"梭伦的意愿是要把官员的职权继续掌握在富人的手里,然而在政治体制的其余部分还是接受全民的参与。"[16] 在不完全拉平贫富差距的前提下,梭伦不让他的社会出现穷人或富人,成功地使国家获得安全与和谐,他所扮演的角色正像他自己在诗中所言,"执着盾牌我屹立在两派之间,双方的权利不可以相互侵犯。"[17]

制度设计的背后往往有着理论上的支持,虽然因时间久远而使诸多文献遗失以致无法勘探梭伦、莱库古时代有关限制财产的理论争鸣,但古代希腊从来不乏此方面传统,很多重要思想家都对财产限制问题表达过见解。

二、苏格拉底和柏拉图的理论

苏格拉底(Socrates,公元前 469—公元前 399 年)笃信美德即知识,美德固然有无数种,但作为原生性最重要的美德当属自制(self-restraint),"他认为,对于任何希望有高尚成就的人来说,自制都是必要的,……然后,他又借着他的言论劝勉他的门人,要他们把自制看得比什么都重要"[18],只有懂得自制之人才能感受到生命的乐趣:

> 惟有自制能使人忍受我所讲的这一切,因此,惟有自制才能使人享受我所提到的这些值得称道的快乐。[19]

苏格拉底本人安贫乐道其志不移,他也激励别人去作一个自制的人,不懂自制的人不仅对于自己没有好处,对于别人也没有好处。他只在饿的时候才进食,只在渴的时候才饮水;他提倡聚会应当以简朴为宜,他嘲笑那些在宴会上大快朵颐的人,蔑称他们为"老饕";他认为那些为了财产而兄弟阋于墙、朋友反目的人是愚蠢的。[20]

　　柏拉图一生执着于探寻正义城邦,对他而言,正义城邦与正义的人只是大小的不同,一旦找到了正义的城邦,何谓正义的人也就不难理解,"我们认为公正是一种可以存在于个人身上也可以存在于整个社会当中的属性。社会显然更大。这样看来,很可能,我们在整个社会里找到的公正较多,更容易辩论。"[21]柏拉图视国家本身为最大的服务交换体系,一定程度上的分工不仅是经济效率的要求,也有助于造就职业化的个人。理想城邦下的人民分为金、银、铜三等,不同等级的民众在才智上是存有差异的,国家的重要任务即是为不同智力等级的公民找到最适合他的职业,任何僭越行为不单纯会导致经济上的低效率更会导致城邦的覆灭,尊重建立在才识多寡基础上的智力金字塔是任何国家想要长治久安的必要条件。正义城邦就是可以为不同等级的公民找到其最适职业的城邦。与城邦公民分成金、银、铜三质相对应,在柏拉图看来,在每个人的身上也有高下等级的三种心性品质:一是理解或思想的能力;二是善于执行或富有勇气的能力;三是种种关于食欲或营养的能力。柏拉图认为前两种属性各有其对应的美德,前者为智慧明辨,后者为积极进取,但他认为第三种属性是一种共存于人类与其他低级生物身上的属性,只有在节制有度时才可以充当理性的助手。与正义国家相类似,正义的人就是能够协调处理存在于自身之上的这三种属性的人,使各属性之间和谐共存没有冲突,"我们将得出结论说,人是公正的,与国家是公正的是一样的。我们的确没有忘记,国家的公正是指,三种因素均有专属其自己的工作。因此,我们以后将记住,只要我们性格中的各部分都完成各自的职能,我们每个人就都将是一个公正的人,能够履行自己的正当职能。"[22]

正义的城邦与正义的人都是能够成功将私有财产置于恰当地位的,财富始终是处于次要辅助地位而不是第一位的。对城邦而言商业是没有必要的,从外国除了传来奢侈淫逸绝不会有其他好东西,海军也是没有必要发展的,海军除了助长平民阶级的气焰使其更加难于治理,并没有其他什么好处。虽然柏拉图为其理想城邦的国民设置了极严密的教育培训体系,但他并不能就此高枕无忧,他还是以法律的强行性规定让处于国家第一、第二等级的公民过上某种程度的共产主义生活。虽然柏拉图并未规定第三等级也要过共产生活,但可以想见第三等级的民众也不可能过于富有,毕竟他们接受过理想国的初级教育而且他们所属的国家本身又是如此贫穷。到了晚年,柏拉图虽对可以实现的理想城邦做出一定让步,允许城邦建立在财产差异而不是智力多寡上,但他仍然没有放弃均贫富的想法,如果土地房屋的平均分配是不可能的话,那么就规定出最基本的财富数量,而最富有者只能保有四倍于基本财富数量的资产,多出的部分必须上交国家。

对私有财产抱持批评态度的缘由都可以归结为对无限扩张的欲望的不安以及可能出现的动荡秩序的担心,但又因着眼点不同而可以具体化为上文所述伦理的、宗教的、政治的原因,它们有如三重枷锁紧紧束缚着私有财产,不将其彻底打破,私有财产永远无法获得解放,私有财产的正当性也永远无法得到肯认。

注释

〔1〕[苏]涅尔谢相茨:《古希腊政治学说》,蔡拓译,商务印书馆1991年版,第74页。

〔2〕[古希腊]亚里士多德:《尼各马可伦理学》,廖申白译注,商务印书馆2003年版,第20页。

〔3〕[古希腊]亚里士多德:《政治学》,吴寿彭译,商务印书馆1965年

版,第278页。

〔4〕[古希腊]亚里士多德:《尼各马可伦理学》,廖申白译注,商务印书馆2003年版,第47—48页。

〔5〕[古希腊]亚里士多德:《政治学》,吴寿彭译,商务印书馆1965年版,第37页。

〔6〕[美]乔治·萨拜因:《政治学说史》(第四版)(上卷),邓正来译,上海人民出版社2010年版,第177—178页。

〔7〕[美]乔治·萨拜因:《政治学说史》(第四版)(上卷),邓正来译,上海人民出版社2010年版,第192页。

〔8〕参见[古罗马]西塞罗《国家篇 法律篇》,沈叔平、苏力译,商务印书馆1999年版,第122页。

〔9〕[古罗马]玛克斯·奥勒留:《沉思录》,梁实秋译,译林出版社2012年版,第2页。

〔10〕本书对《圣经》的援引依据通行合和本,为免烦琐,之后本书采用通行随文注引经文出处,不再另行单独出注。

〔11〕[美]杨腓力:《耶稣真貌》,刘志雄译,南方出版社2011年版,第66页。

〔12〕[美]约翰·麦克里兰:《西方政治思想史》,彭淮栋译,海南出版社2003年版,第125页。

〔13〕参见[古希腊]柏拉图《理想国》,郭斌和、张竹明译,商务印书馆1986年版。

〔14〕[古希腊]普鲁塔克:《希腊罗马英豪列传(Ⅰ)》,席代岳译,安徽人民出版社2012年版,第128页。

〔15〕参见[古希腊]普鲁塔克《希腊罗马英豪列传(Ⅰ)》,席代岳译,安徽人民出版社 2012 年版。

〔16〕[古希腊]普鲁塔克:《希腊罗马英豪列传(Ⅰ)》,席代岳译,安徽人民出版社 2012 年版,第 199 页。

〔17〕转引自[古希腊]普鲁塔克:《希腊罗马英豪列传(Ⅰ)》,席代岳译,安徽人民出版社 2012 年版,第 200 页。

〔18〕[古希腊]色诺芬:《回忆苏格拉底》,吴永泉译,商务印书馆 1984 年版,第 102 页。

〔19〕[古希腊]色诺芬:《回忆苏格拉底》,吴永泉译,商务印书馆 1984 年版,第 102 页。

〔20〕[古希腊]色诺芬:《回忆苏格拉底》,吴永泉译,商务印书馆 1984 年版,第 22、82、34、37 页。

〔21〕[古希腊]柏拉图:《理想国》,张造勋译,北京大学出版社 2010 年版,第 44 页。

〔22〕[古希腊]柏拉图:《理想国》,张造勋译,北京大学出版社 2010 年版,第 102 页。

第三章 劳动财产理论逻辑构造

可以预做说明的是,洛克的劳动财产理论并不复杂(不复杂不等于不重要),但研究一种理论的着眼点从来就不纯是理论本身,一套学说不可能凭空产生,其必有其理论上的目的,它必定是为了解决当时存在的问题,否则就似对空气挥拳毫无意义,于是研究劳动财产理论首先必须弄清它面对的真实问题是什么。除却面临的问题外,还必须明了洛克是如何得出遮蔽于劳动财产理论背后的前置性原则的,特别是考虑到洛克在认识论上是个地地道道的经验论者,但劳动财产理论却使用了自然权利的话语体系。前两个问题解决之后方才进入劳动财产理论的内部结构,不过仍不能满足于此,只有进一步考察劳动财产理论在逻辑上推衍的必然结果,方能认清劳动财产理论在洛克整个政治理论体系中所处的地位。本章在行文结构上正是按照这样的顺序展开的,要研究劳动财产理论必然要经历这样的过程,也只有如此才能呈现出劳动财产理论的完整全貌。

第一节　劳动财产理论面对的问题

　　本书通过第二章的分析,将洛克以前批评私有财产的理由统归为出于对秩序动荡的担心,进而又将其细分为三点。[1]然而,对于这三个批驳理由,洛克的劳动财产理论事实上只解决了第三个——破除束缚私有财产的政治枷锁。这并不代表洛克没有能力回应之外的两个问题,而是到了洛克时,另外两个问题已被解决不再构成理论上的难题:从马基雅维里主义衍生出的近代职业伦理雏形破除了束缚私有财产的伦理枷锁,而宗教改革后诞生的新教伦理则破除了束缚私有财产的宗教枷锁。本节即将转入分析马基雅维里主义与新教伦理对私有财产解放的影响。必须强调的是,本部分与本书核心论点具有密切关联,只有对问题的来龙去脉做出详尽交代,方能以较为客观的态度对待洛克的劳动财产理论,明了劳动财产理论真正的价值所在,进而理解洛克在整个观念史上所处的地位,避免对劳动财产理论以及洛克做不适当的拔高。

一、马基雅维里主义破除束缚私有财产的伦理之锁

在《君主论》第十五章,尼科洛·马基雅维里(Niccolo Machiavelli,1469—1527年)表明自己要着手创造一种新的政治学理论,这是以前所没有的,他所要呈现的是真实政治场上很多龌龊不堪上不了台面的东西,不仅如此他还要以此为根基重树新的政治伦理:

> 我的目的是写一些东西,即对于那些通晓它的人是有用的东西,我觉得最好论述一下事物在实际上的真实情况,而不是论述事物的想象方面。[2]

如果一个人主张依靠美德过活,那么他就选择进入古典政治哲学的路径,也就是马基雅维里所说的虚幻的共和国和君主国。但如果主动降低政治上过高的不切实际的杰出标准而去迎合最一般最普遍的情况,那么政治上独一无二的情况是有可能实现的。在马基雅维里看来,命运之神实在只是一个青睐于敢作敢为有激情的年轻女子,"你想要压倒她,就必须打她,冲击她。人们可以看到,她宁愿让那样行动的人们去征服她,胜过那些冷冰冰地进行工作的人们。"[3]这也就意味着人们不能指望在等待中能够迎来机会而是要不断努力迎合现状去创

造机会。

无论是谁都十分愿意受到别人的爱戴，但是建立在爱戴基础上的统治本身十分不安全，相比于冒犯一个令人畏惧的人，冒犯一个受人爱戴的人似乎显得不会那么恐怖。君王当然可以尽其所能地爱其臣民，然而其臣民却不一定会以同样的感情回应君主，马基雅维里并没有说如果君主依循古法去相信基督所说的别人打他左脸也把右脸伸出去给别人打是错误的，但是显然这样会十分不安全，不惜生命也要做刺客去谋杀君主的人十分罕见，然而只要有哪怕一个这样的人出现都是一件十分危险的事。为了避免悲剧的发生，对于君主而言最保险的方法莫过于将周边的人全视作潜在的刺客，虽然这多少有些不近人情，"君王的臣民在道德上有抉择的余地，这在君王却是享受不起的奢侈。"[4]对一个浑身上下充满道德感的人而言，法律本身是没有任何用处的，对一个毫无廉耻的人，法律一样也是没有任何用处的，在政治与道德朦胧的模糊地带，马基雅维里对人性采取一种有选择性的简单化，他想要找寻的是人性中有哪些部分是绝对可靠并可以在其上建立政治理论的。被上帝所青睐的人类具有独一无二的理性，但在人的身上也存在着兽性，因此管束人类从来都是两种方法交相使用,如果仅凭言辞便可成功说服,那当然是皆大欢喜,如其不能那么用强力使其服从也没什么不好,君王一方面要做一只狡诈善骗的狐狸,另一方面又要做一头使人拜服的狮子,狡诈与暴力是并存于君主身上的两个基本属性。

马基雅维里将充斥基督教美德的君主宝鉴全都当作垃圾扔进历史的废纸篓,他在书中从不提及原罪、自然法、君主传播福音的义务,他也从不援引经文,在他的字里行间更看不到奥古斯丁等杰出神学家的名字,他评价君主的标准很直白,"这种政治学理论唯一考虑的是权术,即为了达到其目的不惜采用各种手段,无论是正义的还是邪恶的、严酷的抑或恶毒的——其目的在于其国家或祖国的扩张。"[5]

马基雅维里将政治与道德相剥离,评判政治家好坏的唯一标准在于能否为国家带来实利,拥有再多私财的人只要治国手腕足够强大,那么由他去担任统治者也没有什么不可以的。更进一步而言,虽然《君主论》的写作对象是国家的统治者,然而从君主在品性上的双重标准可以自然推导出某种职业伦理,各种行业中衡量好坏职业者的尺度已不再是之前通用的标准,个人在品性上的优良并不足以使其必然成为一个够格的职业者,各个行业皆有其特殊的职业伦理,那么至少对某类人如商人而言其职业生涯即在于尽可能地赚取最多的金钱,这在伦理上不仅不是不道德的反倒是衡量个人成功与否的标志。虽然马基雅维里并无意于解放私有财产,但他的理论间接对私有财产的解放起到了推动作用。

二、新教伦理破除束缚私有财产的宗教之锁

马克斯·韦伯(Max Weber,1864—1920 年)将资本主义的经济行为定义为"依赖于利用交换机会来谋取利润的行为,亦即是依赖于(在形式上)和平的获利机会的行为"[6],按照这样的定义,那么,具有资本主义性质的企业与资本主义性质的企业家曾在世界各地普遍出现,并且出现的时间也极为久远,但是为何只有在西欧才出现了"自由劳动之理性的资本主义组织方式"[7]这样一种极其不同的资本主义形式是值得思考的,也正是在这样一种资本主义运作模式上诞生了近代资本主义精神。韦伯将这归结于神秘的和宗教的力量,也即"近代经济生活的精神与惩忿禁欲的新教之理性伦理观念之间的关系"[8]。

韦伯发现在受教育程度、熟练工种所占比例、参与经

济活动程度上,宗教改革后的新教徒要比传统的天主教徒活跃得多,单纯地用政治历史环境去解释并不能达到令人满意的效果,毕竟这样的差异不是国别性的而是存在于所有受到新教影响的国家,只不过在程度上有所不同罢了,从宗教信仰的内在特征中去寻求问题的解答是有必要的。在以天主教信仰为传统的民族以及古代民族的语言中,都没有任何词汇能够表达与"职业"[9]相类似的概念,而在宗教改革后的新教民族中,这个词却一直得到使用,这个词所表达的内涵当然也是全新的。职业概念表明了对人们日常生活的肯定评价,"职业思想便引出了所有新教教派的核心教理:上帝所应许的唯一生存方式,不是要人们以苦修的禁欲主义超越世俗道德,而是要人完成个人在现世里所处地位赋予他的责任和义务。这是他的天职。"[10]上文已略加提及自奥古斯丁以来就有着贬低世俗生活的倾向,托马斯·阿奎那(Thomas Aquinas,1225—1274年)虽然认为世俗生活也是上帝意志的一种体现,但也不过是将世俗生活提高到道德中立的地位,而宗教改革的众多领袖则大力提倡世俗生活的意义,将关爱同胞的实践与履行职业相联系,将传统上以祈祷、吟唱和沉思为主要内容的修道士生活贬低到毫无价值，"同天主教的态度相比，宗教改革本身的后果只是有组织的从事一项职业的世俗劳动受到越来越高的道德重视、越来越多的教会许可"[11]。

新教徒们宣扬的是一种奇特的劳动伦理，这种伦理将职业内化为人生的一部分，认为个人有增加财富的责任，而拼命赚钱本身又是与任何形式的幸福主义（更别提享乐主义了）相绝缘的，赚钱不再被视作满足物质需要的手段，人只是为赚钱的动机所驱使，把不断的财富积累视作人生的目的，财富只会给他们带来已经完成本职工作的满足感。[12]新的将劳动视作人的本职的观念将精神的集中、对工作的责任感、经济预期、提升自我的内在动力、必要程度上的节俭共同整合进同一内涵中，这样一种全新的指称是旧有观念完全无力提供的，"这种经济是以严格的核算为基础而理性化的，以富有远见和小心谨慎来追求它所欲达的经济成功，这与农民追求勉强糊口的生存是截然相反的，与行会师傅以及冒险家式的资本主义的那种享受特权的传统主义也是截然相反的，因为这种传统主义趋向于利用各种政治机会和非理性的投机活动来追求经济成功。"[13]此类恨不得钻入一个由金钱财富构成的坟墓中去的想法对传统的天主教徒而言是不可思议的,这种为获利而获利的想法无异于一种卑鄙的念头,这种行为之所以能够得到容忍,只是因为世俗国家权力的抬头与教会实力的衰弱,因此教会才不得不选择忍气吞声。新教与天主教在对待世俗生活问题上的巨大差异,归根结底是由其在灵魂救赎看法上的差异造成的。[14]

　　虽然无论对马基雅维里抑或宗教改革的领袖们来说解放私有财产都不是他们理论的核心,然而在客观上马基雅维里主义与新教伦理确实分别成功破除了束缚私有财产的伦理、宗教之锁链,然而不幸的是这不仅没有使事态好起来反倒有更加恶化的趋势。14 世纪晚期和 15 世纪的社会动荡多是由富人对穷人的压迫所导致的,于是财产的滥用成了思想家们所批判的重点,理论层面上又泛起了对共产主义的向往。约翰·威克利夫(John Wycliffe,1324—1384 年)1376 年于伦敦开设的讲座中宣扬私有财产是有罪的结果:因为基督及其使徒一文不名,所以教士也不应拥有财产,他们的贪婪尤其令威克利夫愤慨:

　　　　两百年后,费尔南多引用了罗马诗人麦克罗比亚斯对原初黄金时代的描述,那时标明一块土地归某人所有,或用篱笆将其隔离都是不合法的;瓦兹奎茨也认为一切民族都曾在没有国王和法律的情况下生活,人民共同拥有世界上的物品,那时没有私人所有权和占有,没有任何契约和贸易(这些在无罪时代都是不需要的)。在某种意义上,在亨利八世时期出于对天主教的忠诚而殉教的托马斯·莫尔(Sir Thomas More,1478—1535年)仍然承继了这样的观念;他笔下的航海人拉尔夫·希斯洛德,在对名为乌托邦的梦幻世界的叙述中,展示了这样的一个国家,"那里的一切事物都是共有的,每一个人都拥有一切……与那些一切人都宣称他拥有正当私有财产的国家不同"[15]。

这一切都在表明伦理上与宗教上对私有财产的解禁似乎更加证实了从政治上出发对私有财产的担心是极其有必要的,问题没能得到解决反倒越发恶化了,理论上留待洛克解决的问题似乎比马基雅维里与新教领袖们解决过得更加困难了。

第二节 劳动财产理论的前提预设

如何解决贫富分化给既有秩序带来的潜在冲击成了解放私有财产的关键。在这个问题上,洛克十分聪明地回溯到政治国家成立之前（因为他一旦在国家政府成立之后去论述这个问题，那么在这个问题上他将永远得不出满意的答案），他将要证明贫富分化虽然残酷但却是不可逆转的自然趋势，贫富分化不是造成国家动荡的根源而恰恰是国家政府诞生的第一推动力。

劳动财产理论始于自然状态，在论及自然状态时，洛克抛出了一系列极为重要的前提预设：自然状态下的财产最初是以公有制形式出现（于是劳动便成了沟通公有制与私有制的桥梁）、人性第一律——每个人生来都是自由平等的（只有自由平等的主体方具有互相立约的能力）、人性第二律——自我保存（其中包括上帝造人说）（自我保存的欲望是促使由自然状态向公民社会转型的动力）等，这一系列原则对于理解劳动财产理论是极为重要的。但在《政府论》（下篇）中，洛克几乎是以不证自明的公理去对待上述原则的，而考虑到洛克在哲学上极度反感几近独断论的天赋人权学说，那么必须为这些"原则"找到某些令人信服的支撑点。这倒不是说洛克是不信上帝的人，恰恰相反，他坚信分享上帝智识之光的人类应当用自己的理性（而不是盲信）去发现上帝留给人类的自然律，"知识不是天赋的……人们只要运用自己的天赋能力,则不用天赋印象的帮助,就可以得到他们所有的一切知识;不用那一类的原始意念或原则,就可以达到知识的确实性"。[16]洛克确实以缜密的逻辑发现了以上这些自然律,在《政府论》(上篇),借由全面彻底地批驳菲尔默勋爵那漏洞百出的论点,洛克渐次推导出这一系列极为重要的理论前提。[17]

为了展现洛克是如何为这些与劳动财产理论相关的看似天赋的重要原则找到理性逻辑的支撑点,必须观察他是如何对菲尔默的观点展开犀利批判的。洛克将菲尔默的论点概括为"一切政府都是绝对君主制;他所根据的理由是:没有人是生而自由的"[18](着重号为笔者所加,下同)。支撑菲尔默的论据是"父亲的威权"(有时他也将其表述为"作为父亲的权力"或"亚当的主权"),虽然这是一个对他的观点具有重要意义的概念,但菲尔默并未对它有过定义,通过菲尔默其他的一些著作,洛克将所谓的"父亲的威权"概括为:

> 如果上帝只创造了亚当,并从他身上分出一块骨肉来造成女人,如果一切人类都是作为他们的一部分从他们俩生殖繁衍下来,如果上帝还给予亚当以不仅对这个女人和他们两人所生的儿女的统治权,而且还

让他去征服整个世界和世界上的一切生物，这样，只要亚当生存一天，除非得到他的赐予、让与或许可，便没有人可以要求或享有任何东西。[19]

着重号将本句话分成两部分，在菲尔默看来这两部分分别代表了合法化君主专制的"父权"与"财产权"正当性依据。换言之，只要证伪了"父权"与"财产权"的依据，菲尔默的理论也将土崩瓦解，进而可以得出与劳动财产理论相关的第一个重要命题——人是生而自由的。

菲尔默宣称自己的所有论述都本自于福音书，他用以支撑"父权"论据的是"你必恋慕你的丈夫，你的丈夫必管辖你"（《创世纪》3∶36）。菲尔默从这句简单通俗的话里得出父权身份的起源，并表示《圣经》规定君主制为一切政府形式。但考虑到上帝说此话时的语境是在夏娃最先经不住诱惑偷取圣果，这只能理解为是上帝对女人命运的诅咒，她要因原罪堕落付出较大的代价，"只是预言女人遭受的命运，即依照上帝的意旨他想要作出规定，使她必须服从她的丈夫"[20]，这只能作为一种男人在婚姻上对女人的支配权，而不能视作政治权利。既然此路不通，那么能否因为父亲对其子女的亲权便认为天然具有对子女的统治权呢？洛克承认在现实的政治实践中确实存在着父亲对子女人身乃至生命任意支配的情况,不过若是将政治伦理建立在遗弃、售卖、阉割或杀害自己子女的这类最无耻的行径上,那么建立起来的将会是一个什么样的政府?诚然,如古希腊人将理想政治建立在极高道德标准上是不切实际的幻想,但彻底的反其道而行同样是不可能的,政治伦理必然要建立在某些最为普遍而不是阴惨的人类感情上。如果说在生命的创造上父亲起着重要影响,那么至少母亲也有着相同的地位,于是同时出现了两个至高无上的权力,那么哪一个更优越呢?给予生命的人不代表就可以随时撤回给予的权力,更何况父母本不是儿女生命的制造者,他们根本没有对子女的无限支配权。在人的繁衍上有两种观点:传殖说与创造说,前者认为人的生命得自父母,后者认为人的生命得自上帝的恩赐。洛克是坚定的创造说信徒,他认为生命的创造是这样一个过程:

> 所谓把生命赋予不存在的东西,就是指让一个有生之物把它的各部分形成起来,使之适合于它们的用途,并在把它们装配停当之后,将一个活的灵魂放入其中。[21]

除了上帝,没有人能够担纲这项伟大的工作的。洛克嘲讽那些主张传殖说的人,质问他们如果人类真是生命的创造者,那么他将一定知道人体的每个功能、生命生成的具体时间、理性是何时产生的,当机体出现病症时即使不能完全治愈也一定能指出毛病所在。洛克又援用《圣经》进一步强化自己的论证:

> 造耳朵的,难道自己不听见吗?
>
> 造眼睛的,难道自己不看见吗?(《诗篇》94:9)

洛克最后退了一步,他认为即使真的存在所谓的"父亲的权威",在权力继承上的困难也会使它找不到一个合适的传承者。洛克的这一让步暗示下篇中将要系统论证的世间政权合法的存在方式只有一种——政府的合法性只能建立在人民相互立约的基础上。他认为一切政权合法性来源无非三种:"父权""人民的公意"或是"上帝自己的正式指定",无论哪一种权力让渡的方式都必须与它最先取得权力的方式相吻合,只能传授给那些与初代承授者具有同等权利的人:

> 基于"社会契约"的权力,只能够传给那依照该契约取得权利的人;基于"生儿育女"的权利,只有"生儿育女"的人才能享有;基于上帝的正式"授与"

或"赐给"的权力,只有这种授与根据继承权利规定授给的人才能享有这种权利。[22]

显然,在批倒了"父亲的权威"以及上帝不语的年代,政权合法性的唯一正当来源只有社会契约。

只有上帝方才是一切人的创造者,父母不能以创造者自居,洛克严厉指责传殖论者被现实的利益泯灭了良知:

> 那些说父亲是给予他的儿女们以生命的人们让君权思想弄错了头脑,以致忘记了他们不应该忘记的一个事实,即上帝是"生命的创造者与授与者";我们只有依靠上帝才能生活、行动和生存。[23]

从上帝是生命的创造者的角度可以得出一切人都是平等的,此外还可以得出另外一条重要的自然律:个人不拥有对生命的自主权,自杀是莫大的罪过,自我保存是每个人的本能,他要尽其可能地活下去,他在地上的每一日都是神的意志,在生命的起点与终点上,神为每个人都做出了详细的安排:

> (人)奉他(指上帝)的命令来到这个世界,从事于他的事物,他们就是他的财产,是他的创造物,他要他们存在多久就存在多久。[24]

菲尔默将支撑自己的"财产权"论据归结为《创世纪》里的这一段话：

> 上帝就赐福给他们，又对他们说要生育众多，遍满地面，治理大地，也要管理海里的鱼，空中的鸟，和各样在地上走动的生物。(《创世纪》1:28)

正是经文中提到的"各样在地上走动的生物"使菲尔默明显无视复数人称硬是确信上帝授予亚当对地上世界一切生物以无限的治理权，洛克考究原本希伯来文《圣经》，得出上帝创世时用"生物"一词指称牲畜、野兽、爬行动物这三种不同的兽类，而译文"走动的生物"指向的是"创世的历史中所指的两种陆栖生物——野兽和爬虫"[25]。而在《圣经》另外一处相类似的情景——上帝对挪亚一家的授权——更能看出这种无限支配权的荒谬，上帝在"一切走动之物"后又加上"作你们的食物"[26]，如果"走动之物"包含人类的话，也就等于上帝默许人吃人的情况，但他怎么可能会同意将为他所创的人类作为食材呢？于是，从福音书里得不出任何支持某个人对世界享有完全支配权的结论，这只是表明上帝将具有智慧理性的人类置于万物之长的崇高地位，赋予他们对一切低级生物的治权。世界不是某个人的而是全人

类的,于是便可得出最初财产是以公有制形式存在的,这不仅符合《圣经》的规定:

> 你叫他比天使(或作"神")微小一点,并赐他荣耀尊贵为冠冕。你派他管理你手中所造的,使万物,就是一切的羊牛、田野的兽、空中的鸟、海里的鱼,凡经行海道的,都服在他的脚下。(《诗篇》8:5—8)

同时也合乎上帝造人的目的,在与挪亚立约时,上帝表示土地不会受到洪水肆虐,人类也不会为洪水灭绝,他要祝福人类,"你们要生养众多,在地上昌盛繁茂。"(《创世纪》9:7)无法想象若是将整个世界归于某个人私有,又怎能实现上帝伟大的祝福。从上帝最先也是最首要的祝福中又可以推导出适用于自然状态下的另一条原则:要爱自己的同胞。可以想象相较于霍布斯笔下存在于所有人之间的对立状态并不存在于洛克著作中,洛克的自然状态要温情得多,仁慈的造物者是一般地爱着他的所有子民的:

> 这种自然状态与霍布斯战争阴霾笼罩下的自然状态极为不同,是一种平等的、完备无缺的自由状态[27]。

洛克全方位驳斥了所谓的"父亲的权威",之后菲尔默的理论恰似多米洛骨牌般轰然崩塌,那根试图为全人类带上枷锁的沙制锁链悄然风化,人类并非是生而即受奴役,政治的权力也从来都不是绝对的。正是在这一辩难的过程中,洛克以自己的理性发现了上帝留待人类探寻的普遍规律:人是生而自由平等的、每个人天然即有着自我保存的倾向、爱自己的同胞、公有制是财产最初的形式。而这些原则无一不与劳动财产理论有着密切关联。在解决了前提预设后,洛克便可以毫无顾虑地详尽论述他的劳动财产理论,从政治上束缚私有财产的最后枷锁将被打破,私有财产将迎来最终的解放。

第三节　劳动财产理论的内在结构

既然财产在自然状态下是以具有包容性的公有制形式出现的,那么排他性私有财产是如何得以实现乃至成为公民社会的起源呢? 洛克认为问题的关键在于“劳动”。洛克认为劳动是穿插在共有与个人排他性占有之间的媒介,“劳动是劳动者无可争议的所有物”“他的身体所从事的劳动和他的双手所进行的工作,我们可以说,是正当地属于他的"[28],任何向共有物掺进个人劳动的行为都足以使那一部分脱离共有状态构成个人私有财产,因而排除了其他人的共同权利。劳动财产理论饱含洛克对人的创造性的肯定,正是由于自然物与掺有人类劳动的制造物相比,其价值根本微不足道,所以人才能心安理得地对自己的劳动成果享有排他性占有。然而人通过劳动所能获得的财产并不是无边无际的,劳动财产理论要受到腐烂原则的限制:

> 但上帝是以什么限度给我们财产的呢?以供我们享用为度。谁能在一件东西败坏之前尽量用它来供生活所需,谁就可以在那个限度内以他的劳动在这件东西上确定他的财产权;超过这个限度就不是他的份所应得,就归他人所有。[29]

可以确定腐烂原则出于上帝对人类最先也是最首要的祝福,正因为要遵循上帝"生养众多"的要求,所以任何占有多于自己所需要之物的人,不仅亵渎了上帝的恩赐,也掠夺了为别人所占有的那部分财产,在这种意义上此类行为构成盗窃:

> 他只要注意在它们未败坏以前加以使用,否则

他就取了多于他应得部分；就是掠夺了别人；的确，窖藏多于他能使用的东西是一件蠢事，也是一件不老实的事。[30]

借由劳动财产理论与腐烂原则，洛克成功地调和了全人类共有与个人排他性占有之间的紧张关系，另外又由于上帝赐予人类的资源是如此丰富以至任何人在满足自己所需的同时，还会剩下同样多的好东西留给其他人享用，所以在这一阶段人与自然之间处于一种微妙的平衡，人与人之间也是和谐共存，但是这种脆弱的平衡很快即为货币的出现所打破，情况急速恶化以至人不得不祈求公民社会的到来。

洛克以精妙的手段在公有制与私有制间搭起一座桥梁，但其间隐藏着一个重大的理论难题有待解决，既然洛克认为上帝方是人类的创造者，在对于生命没有自主权的情况下何以能够认定劳动是专属于个人所有的？如果不能成功解决这一问题，即使洛克的论证再精妙，他的理论也终将与菲尔默的一样经不起逻辑上的推敲。洛克的脱困之道在于他的"人格"理论。

洛克对人格这一概念的运用"是17世纪约定俗成的一个用法"[31]，他认为人格是"一个法律的名词，专来表示行动和行动的价值。因此,这个名词只能属于有智慧的主体,而且那个主体是能受法律所支配,是能感受幸福或苦难的"[32]。洛克从来不认为自由就是随心所欲不受限制,相反,他认为存在于法律之下的自由方是真正的自由,"在一切能够接受法律支配的人类的状态中,哪里没有法律,哪里就没有自由"[33],于是受法律支配就等同于自由,自由便成了人格成立的必要条件。自由(或受法律支配)的前提条件是能够运用理性,"他如果还不能运用理性,就不能说是受这个法律的约束"[34],一个拥有人格的人就能够运用自己的理性。之所以说孩子一时还不是自由的,并不是说他们不是人,而是因为他们当时的年纪还不足以使他们能够完全运用自己的理性,而一旦当他成长到"使他父亲成为一个自由人的境界时,他也成为一个自由的人"[35],便可以脱离父母的管教。至此还不能对人格形成具体的概念,至多不过是一个抽象的轮廓,仍不清楚在洛克给出的人格定义中"行动和行动的价值"指的是什么,如果说"行动的价值"指向自然法上的价值评判,那么"人格的行动"又是什么。

洛克考察自由主体行为必备的条件,这些条件继续充实他的人格概念。基础性的条件是应当具有意志,意志指的是：

> 一种能力，来开始或停止，继续或终结心理方面
> 的某些作用和身体方面的某些运动；而且我们之能
> 够如此，只是因为我们借心中的思想或偏向，来支
> 配、来规划某些行为的实现或停顿。人心因为有这
> 种能力，所以它可以在任何特殊的情节下，任意来考
> 察任何观念，或不考察任何观念，并且可以自由选取
> 身体上任何部分的运动，而忽略其他部分的
> 运动。[36]

意志在现实中的展开便是洛克所说的意欲，可以看
出意志/意欲的特征在于选择。"选择"非常重要，洛克
区分了具备意志的自由行为与自愿性行为的区别：一个
人如果在睡梦中被抬进他想要与之会面的人的房间，之
后门被锁上，那么即使当他醒来十分高兴并愿意留在房
间里，也不能说这样的行为是自由的。洛克又根据动作
的进行是否伴有心灵的命令，而将意志/意欲分为"随意
的"(voluntary)和"非随意的"(involuntary)[37]，它指向的
便是上文所说的理性，洛克否认存在行傻事的自由，"自
由要前设理解和意志"[38]。理性选择在于考究与慎
思[39]，选择要在慎思之后，"所谓考察是在发现指南针。

在考究以后,意志的决定作用就是所谓遵从指南针。"[40]
指南针导向的若是有助于实现一个道德的或邪恶的目
的,这便留待自由主体做出选择,此刻法律便会发挥作用
(既包括自然法也包括国家法),这也是上文所说的自由
主体的行动受法律的支配,于是自由行动的主体成了实
现上帝目的的载体(遵从表现在自然法与国家法中的理
性的要求)。个人行动不再是盲目无意义纯粹利己的,
而是得到了某种神圣性。

虽然洛克证明了人格自由行动的神圣性,作为人格
行动的劳动也随之具有神圣性,进而也可以得出从劳动
中获得的私有财产也具有神圣性,但是洛克必须证明劳
动是由个人排他性占有的。人格的同一性在于自我
意识:

> 所谓人格就是有思想、有智慧的一种东西,它有
> 理性、能反省,并且能在异时异地认自己是自己,是
> 同一能思维的东西。它在思维自己时,只能借助于
> 意识,因为意识同思想是离不开的,而且我想意识是
> 思想所绝对必需的……[41]

思想常伴于意识左右,不仅是对于思想,自我意识也
延伸到行动上:

这个意识在回忆过去的行动或思想时，它追忆到多远程度，人格同一性亦就达到多远程度。现在的自我就是以前的自我，而且以前反省自我的那个自我，亦就是现在反省自我的那个自我。[42]

洛克想要表明行动被看作人格的行动是通过与思考相伴的意识，人格的行动是意图性的，只有那些被意识到的行动才能算作人格的行动。所以，即使是同一个人，他也可能具有不止一种人格，正如法律不会处罚在发狂时犯下罪行的人一样。接着洛克指出了意图性行为的创造性特征：

我就看到，在我写这篇论文时，我就能把纸的现象变了，而且在我想好字母以后，还可以预先说出，只要我一挥笔，下一刻的纸上就可以出现什么新观念来。[43]

除去意图性，人格的同一性还突出了创造性这一特征，人格是外在行动的创造者，正如上帝拥有关于被造物的知识，人格也被认为是外在行动的拥有者。于是劳动在两个方面是人的行为的一种道德形式：

它在履行道德义务的语境中发生，而且是履行此道德义务的方式。而且,他本身是行为的一种道德形式。它是人类特有行为的形式,从而是他的义务。[44]

洛克无疑认为如果不是货币的横空出世,现在的世界还会是上述面貌,"世界现在似乎有人满之患,但是同样的限度仍可被采用而不损及任何人"[45]。对于货币,洛克不持友善态度,他的论述是亚里士多德式的:

> 对人类生活实在有用的东西的最大部分,……一般说来都是不能耐久的东西,……金、银、钻石则由人们的爱好或协议给以比它们的实际用处和对生活之需的价值更高的价值。[46]
>
> ……
>
> 金银与衣食车马相比,对于人类生活的用处不大,其价值只是从人们的同意而来……[47]

和人类真正需要的生活必需品相较,货币是约定性的,是反自然的,从这个意义上而言,它的价值是不及前者的,它的出现带来人道德品质的败坏。无疑,如果货币没有出现,当属一件极大的幸事,但是既然它已出现,就不得不面对随之而来的一系列变化。

一是突破腐烂原则。货币带来的第一个变化当属腐烂原则的废弃。腐烂原则是允许个人将消费不完的劳动成果与他人交换从而获取对自己有用的其他物资,人类在以物易物的过程中,逐渐感到不便,于是寻求不易损毁败坏的金属充当交易的媒介,此即为货币。这时人们已经找到了一种方法使他们能够占有超过自己所必需的物资,这个方法就是将剩余产品用于交换可以储藏而不会损害任何人的货币,此刻腐烂原则已形如具文。

二是瓜分共有土地。洛克认为土地是所有财产中最为重要的一种,因为人类获取必需品的三种方式即采集、狩猎、种植(最为重要)全部要依赖于土地,最初对土地的占有也是受劳动财产理论与腐烂原则共同限制的:

> 但是,尽管财产的主要对象现在不是土地所生产的果实和依靠土地而生存的野兽,而是包括和带有其余一切东西的土地本身,我认为很明显,土地的所有权也是和前者一样取得的。[48]

既然腐烂原则已经随着货币的出现而被突破,那么合理的推理即是人类对财产的占有迅即扩展到对土地的瓜分。

三是露出凶狠獠牙。现在我们已经无法相信在满足个人需要之后还会剩有足够多而好的物资供他人享用，展现在我们面前的是一个被瓜分殆尽的世界。确实，人生而平等，但这不过是理想的应然状态，现实是人在获取财富的能力上是有高下之分的。就算人在获取财富的能力上是平等的，对于那些后出生的人，面对这样一个已然被瓜分殆尽的世界，他们又能做些什么呢？

> 财产分配之后才出生的人，他所面对的是一个财产已经被占有的世界。如果他们的父母由于子女众多而无力给他们提供足够的食物，试问在这个万物都被占有的社会里，他们还能做些什么呢？[49]

不难想象身无立锥之地者将发出怎样绝望的悲叹。我们当然还记得生活在自然状态中的人对自己的同类怀有兄弟之爱，但这兄弟之爱的前提是自我保存，对一个自我保存都很艰难的人是无法要求兄弟之爱的，此刻他将露出凶狠獠牙，掠夺他的那些富有的同类。确实，自然状态之下，每个人都有自卫的权利，都有权向一个侵犯者宣战，但是洛克表明这权利的行使并不那么容易：

> 但是如果没有明文法和可以向其诉请的具有权威的裁判者的救济，像在自然状态中那样，战争状

态[50]一经开始便仍然继续,……直到侵犯者提出和平的建议,并愿意进行和解为止,……不仅如此,纵然存在诉诸法律的手段和确定的裁判者,但是,由于公然的枉法行为和对法律的牵强歪曲,法律的救济遭到拒绝,不能用来保护或赔偿某些人或某一集团所作的暴行或损害,这就难以想象除掉战争状态以外还有别的什么情况。[51]

对其不便之处可以概括为三:缺少已经建立的、固定的和尽人皆知的法律;缺乏具有权威按照既定的法律判决一切纠纷的法官;缺乏支持正确判决和适当执行的权力。避免这种战争状态是人类组成社会和脱离自然状态的一个重要原因,"理性促使人们思考欲望怎样去满足、满足不了如何去控制。理性为人们指出了一条通往和平之路,这就是订立契约,脱离自然状态。也就是说,人之理性解救了人类"[52]。

四是建立公民社会。公民社会对财产权的调整已不可能如自然状态那般,因为其前提——满足个人需要之后还会剩有足够多而好的物资供他人享用——已被彻底粉碎,需要另外一个标准来调整公民社会下的财产关系。洛克认为这一标准即为法律:

> 后来在世界的一些部分(那里由于人口和家畜的增多,以及货币的使用,土地不够了,因而有了一些价值),有些社会确定了各自的地界,又以它们内部的法律规定了它们社会的私人财产,因而通过契约和协议确定由劳动和勤劳所开创的财产……[53]

公民社会出现的深层原因即在于私有财产权的确立,可以说公民社会就是为了保护个人对财产的排他性占有。从此以后,统治者必须按照法律行使来自人民的权力,任何未经个人同意而随意对其财产加以处分的行为都是不正当的,再敢有胆大包天如菲尔默者喊出类似"一个完善的王国,就是君王依照其个人的意志进行统治的王国""不论是习惯法或成文法都不会,也不可能缩小君王们根据作为父亲的权利而统治其人民的一般权力"[54]等类似话语者都必将有如过街老鼠。

第四节 劳动财产理论的必然推导

政府虽只是人造物,但实际的运行还是得落在具体的个人,对于人性从来都不能抱有最大的善意,在没有约束的情况下多数人都会有作恶的倾向,更何况当无数人将其权利让渡交由少数人行使时,在突然爆增的权力面前任何人都难免意醉神迷,不受制衡的权力必然会滋生绝对的腐败:

> 一个人置身于能支配十万人的官长的权力之下,其处境远比置身于十万个个别人的专断权力之下更为恶劣。这种支配权的人的实力虽是强大的十万倍,但谁也不能保证他的意志会比别人的意志更好。[55]

如何保证政府不违背订约时所追求的保护私有财产的初衷成了政府建立后所要面对的重大难题,以制度性手段规制政府权力使其在既有轨道上平稳运行则成了劳动财产理论在逻辑上的必然推导。

确实,洛克并不关心政府在具体上的组织形式,在他看来政府是社会的产物,无论是总统制也好共和制也罢,只要在立约时能够获得当事人的同意即可,毕竟外部环境的不同,将会造成社会形态各有差异,必然导致政府在组织形式上的千差万别。虽然政体不是洛克关注的重点,但他确实十分在意立宪。既然人们出于共同合意立约组建政府,那么在政府组建之初必然要以法律明文将事关每个人的重大事项以白纸黑字的形式表述出来,这一方面表明了当事人构建政府的目的,另一方面也方便当事人在政府组成之后随时将政府行为与立约初衷两相对勘,因此立法权即是一个国家中至高无上的权力:

> 在一切场合,只要政府存在,立法权是最高的权力,因为谁能够对另一个人订定法律就必须是在他之上。而且,立法权之所以是社会的立法权,既然是因为它有权为社会的一切部分和每个成员制定法律,制定他们的行动的准则,并在法律被违反时授权加以执行,那么立法权就必须是最高的权力,社会的任何成员或社会的任何部分所有的其他一切权力,都是从它获得和隶属于它的。[56]

虽然在整个国家权力体系中,立法权位居顶端,但仍旧得按照最初的约定行事,最初约定限制立法机关在以下四件事项上要行为谨慎:

> 第一,它对于人民的生命和财产不是、并且也不可能是绝对地专断的。第二,立法或最高权力机关不能揽有权力,以临时的专断命令来进行统治,而是必须以颁布过的经常有效的法律并由有资格的著名

法官来执行司法和判断臣民的权利。第三,最高权力,未经本人同意,不能取去任何人的财产的任何部分。第四,立法机关不应该也不能够把制定法律的权力让给任何其他人,或把它放在不是人民所安排的其他任何地方。[57]

洛克注意到了形式正义的要求,认为一方面法律本身必须以清楚明确的方式加以表现,另一方面也只有符合有效资格的人方才有权行使法律。

立法毕竟不是国家的日常性事务,对于法律的订立修改只是间隔性的,因此立法机关本身并不需要一直存在,它只需要在必要的时间召集会议商讨与法律有关事务即可。在法律的执行与维护上则是时时刻刻不可松懈的,执行与维护立法机关意志的权力机构即是行政机关。虽然洛克又分出对外权,但对外权在本质上仍是从属于行政权力的,洛克的分权理论虽只是对公权力的二分,但相比于同时代的政论家,洛克的分权理论已确实是了不起的进步。无疑作为派生性的行政权是隶属于立法权之下并对其负责的,行政机关做出的行为要受到来自立法机关的监督,"当立法机关把他们所制定的法律的权力交给别人之后,他们认为有必要时仍有权加以收回和处罚任何违法的不良行政。"[58]若是行政权径自不以立法机关为意想要强行按自己意志行事,违背委托而要施加强力于民众,那么这样的做法实际上是在与所有民众相对抗,这时民众重新获得让渡给国家的审判权,民众可以推翻并再造政府。"洛克建构的现代国家虽称不上完美,但其基本原则已经确立,现代国家已初具雏形。"[59]

洛克只是将国家的立法权与行政权做了二分,与后世建立在立法、行政、司法基础上的三权分立原则相比仍较为粗糙,在权力制衡上也只是单向度的立法机关制约行政机关,并不存在行政机关对立法机关的反向监督。然而在呼唤强力国家、有力君主、国家权力有着极大扩展的年代,出于对专断统治的担心,洛克倡导有限政府,竟能够想到通过制度性构建去规制国家权力,这已然十分可贵,也可以说具有相当的前瞻性。然而有限政府毕竟不同于弱势政府,将政治权力加以量化使政治权力集中在少数,目的是强化政府权力而不是减弱政府权力,若将权力本身视为一种力量甚至是某种固定的力量,那么以这样的力量去做尽可能少的事——诸如保卫私人合法财产,这无疑将会使这些较少的事情得到更好地完成,洛克

用国家与士兵间的关系去表明有限政府依然可以是一个
强力政府：

> 尽管一个军曹能够命令一个士兵向炮口前进，
> 或单身扼守阵地，那时这个士兵几乎是注定一死，但
> 是军曹不能命令士兵给他一分钱。同样地，将军有
> 权处死一个放弃职守或不服从孤注一掷的命令的士
> 兵，却不能凭着他的决定生杀的绝对权力，处置这个
> 士兵的产业的一分一厘。[60]

政府当然可以要求其公民为了国家利益而效死，但
却不能将手伸向民众的口袋。即使当所有对公权力的有
效制约都无法发挥作用时，至少洛克还赋予公民个人最
后的权力，当政府的行为已经糟糕到令大多数人都难以
忍受的时候，个人重新获得在自然状态之下所拥有的审
判权，这保留在公民手中的审判权构成了对公权力制约
最后的也是最坚定的屏障。劳动财产理论使人们不必再
对政府感恩戴德，与出于上帝同胞爱的要求而自然形成
的社会相较，政府不过出自人手，既然所有人在昨天可以
创建一个政府，那么，在有需要的时候也可以在明天再造
一个新的政府。

劳动财产理论是贯穿洛克整个政治理论的核心，洛

克对人性、自然状态、自然律的表述都在为劳动财产理论
做铺垫,有关政府目的、权力制衡则是劳动财产理论在逻
辑上的必然推导。洛克的劳动财产理论强有力地回应了
将私有财产视作造成政治分裂的观点,私有财产不仅不
是祸水反倒是政治起源的第一推动力,长期以来紧箍在
私有财产头上最强的约束被打破,私有财产在正当性上
得到了最为彻底肯定的正名。

不妨将那些和洛克同时代思想家关于私有财产的表
述与劳动财产理论相对照以结束本章的讨论,这样更可
以看出洛克在处理私有财产问题上的前瞻性以及劳动财
产理论的时代性。

托马斯·霍布斯(Thomas Hobbes,1588—1679 年)的
政治理论也建立在对人性的分析上,在他看来生活于自
然状态下的人仅受到唯一的自然律——自我保存——的
引导,这些人是自利阴冷恐怖的,对于同类不仅没有任何
特殊的感情可言,相反他们往往受着自私、权力欲、荣誉
感的驱使相互侵凌,在相互疑惧的氛围下,或许最好的自
存之道不是防守而是先发制人,人类的自然状态即是阴
惨的战争状态,战争状态的恐怖之处在于无刻不在的危
机感。出于对暴死的恐惧、对和平的渴求,人们建立起政

府这个利维坦,对霍布斯而言,只要对维护和平有利,那么政府所采取的各种手段都是可以容忍的,毕竟无论境况如何恶化也不至于差过没有政府的战争状态。对于私有财产,霍布斯并没有过多的直接论述,但是自然状态阻碍了各项产业可能的发展,从自然状态进入国家社会本身就含有发展经济的要求,"在这种状况下,产业是无法存在的,因为其成果不稳定。这样一来,举凡土地的栽培、航海、外洋进口的商品的运用、舒适的建筑、移动与卸除须费巨大力量的物体的工具、地貌的知识、时间的记载、文艺、文学、社会等等都将不存在。"[61]霍布斯在其政治理论中为私有财产的存在留下了一定的空间,可以想见在进入政治社会以后,相较于自然状态,每个人必然会占有更多的财产,然而私有财产的安定性必然是与霍布斯笔下极权主义的利维坦不相容的。只要出于保卫和平的需要,似乎政治权力插手个人私有财富也无可厚非,然而和平本就是模糊不具外形的存在,诸多游走在边缘模棱两可的事项都可归在和平名下,不能说制止国家分裂、防范外国侵略不算为了和平,从霍布斯的理论出发要求人民为此承担必要的费用没有什么不可以的,然而历史实践却一再证实这往往为动乱埋下了引线,英国内战与美国独立战争的爆发都是由于政府强行向民众摊派战争税引起的,这两个实例仅是发生在英语世界,更遑论世界范围。总之,霍布斯在其理论中为私有财产保存了一小块份额,然而这份额却是如此卑微以致它随时可能受到来自极权政府的掠夺,这样的财产理论无助于问题的解决,是不被需要的。

摩莱里(Morelly,约1700—约1780年)认为万恶之源在于私有制,存在于当下政治社会的各种弊端都是由于私欲作祟,他的解决办法在于回归到某种共产主义。尽管摩莱里抨击天赋人权的观念,但他还是采用了这套话语体系,只不过在形式上稍加改变。摩莱里认为自然在人的需求与能力之间设置一种张力,这种张力的存在又导致对集体共同生活的渴望,"社会性的精神和主旨、共同的技巧和一致的预见性,总之,是一切直接或间接与共同幸福有关的观念和知识。"[62]自然界在某些物资如祖传土地的使用上使人类保持着集体性,也通过某些机制使个人野心得到压抑使其趋向同心同德,这种正直体现在人身上即是,"他只有一个希望的目标、只有一个行为的动机,那就是公共福利"[63],一切都被引向某种确定的唯一的目标即共产主义,自然正直是自然界无限英明的安排结果。道德与政治也应当与自然界的安排相契合,也应当按照自然规律去安排人类活动,社会应当分配个人所能获得的名望与荣誉,使之只与其善良美德相对应。通行于现下所有政治社会中的恶行丑闻都是由于背离自然教导所产生的,万恶之源在于贪欲,这贪欲又以金钱为媒表现出来,只要能够消灭私有制,那么罪恶的氛围将会得到涤清,"我想不会有人对这个明显的命题提出异议:在没有任何私有财产的地方,就不会有任何因私产而引起的恶果。"[64]

詹姆斯·哈林顿(James Harrington,1611—1677 年)是其同时代的政论家中唯一洞见到政府在结构与运作上都是由那些基础性的社会和经济力量所决定的人,哈林顿将其政治理论完全建构在土地经济上,这几乎达到了科学上不偏不倚的高度。但即使睿智如哈林顿,在财产上的态度却是亚里士多德式的:

> 人的依靠财富,不像对其他东西那样是出于选择的,而是出于生活必需。因为一个人如果需要面包,那么他就会成为面包施予者的仆人[65]。

行使权力的人必须要具备一定的美德,这就相应地要求具有一定的财产,因为终日为生计劳作的人是无法锻炼美德的,过多的财富与过少的财富都不利于人,为了防止民众在德性上的败坏,他避免土地的集中,而主张将全国土地分割为无数的小块。

对比至此已经足够,按照列奥·施特劳斯(Leo Strauss)对现代性的三重划分,现代性的第一次浪潮当始自马基雅维里止于卢梭,卢梭掀起的第二次现代性浪潮实是对于理性知识的反动,将他们与洛克相比较又能有多少参考价值是值得怀疑的,本书以为已无必要再继续引用,徒多无益。可以看到与洛克同时代的政论家们如果不是对财产这一重要命题未作涉及便是在这一问题上回归传统,虽然他们的表现形式不同但无疑都强烈地带有过去的影子,如果只是这样徘徊,那么私有财产将永远得不到解放。

注释

〔1〕任何理论的类型化都不可能是绝对的,无论多么客观纯粹的类型化都不可能避免为主观目的服务的倾向,实际上有很多思想家在反对私有财产时所持有的理由并不是单一的,很多情况都是混合交替使用的。

〔2〕[意]尼科洛·马基雅维里:《君主论》,潘汉典译,商务印书馆1985 年版,第73—74 页。

〔3〕[意]尼科洛·马基雅维里:《君主论》,潘汉典译,商务印书馆1985年版,第121—122页。

〔4〕[美]约翰·麦克里兰:《西方政治思想史》,彭淮栋译,海南出版社2003年版,第185页。

〔5〕[美]列奥·施特劳斯、约瑟夫·克罗波西主编:《政治哲学史》,李天然等译,河北人民出版社1993年版,第334页。

〔6〕[德]马克斯·韦伯:《新教伦理与资本主义精神》,于晓、陈维纲等译,生活·读书·新知三联书店1987年版,第8页。

〔7〕[德]马克斯·韦伯:《新教伦理与资本主义精神》,于晓、陈维纲等译,生活·读书·新知三联书店1987年版,第11页。

〔8〕[德]马克斯·韦伯:《新教伦理与资本主义精神》,于晓、陈维纲等译,生活·读书·新知三联书店1987年版,第16页。

〔9〕职业,以其作为一种终生的任务、确定的工作领域而言,德语中的beruf,英语中的calling,都含有浓厚的宗教蕴味,都有着神召、天职的意思。

〔10〕[德]马克斯·韦伯:《新教伦理与资本主义精神》,于晓、陈维纲等译,生活·读书·新知三联书店1987年版,第59页。

〔11〕[德]马克斯·韦伯:《新教伦理与资本主义精神》,于晓、陈维纲等译,生活·读书·新知三联书店1987年版,第61页。

〔12〕可以以富兰克林(Benjamin Franklin,1706—1790年)曾说过的格言去生动描述这种新出现的劳动伦理:"切记,时间就是金钱。假如一个人凭自己的劳动一天能挣十先令,那么,如果他这天外出或闲坐半天,即使其间只花了六便士,也不能认为

这就是他全部的耗费;他其实花掉了、或应说是白扔了另外五个先令。要当心,不要把你现在拥有的一切都视为己有,生活中要量入为出。一个人若一天乱花四便士,一年就乱花了六个多英镑。这,实际上是以不能使用一百英镑为代价的。"(转引自[德]马克斯·韦伯:《新教伦理与资本主义精神》,于晓、陈维纲等译,生活·读书·新知三联书店1987年版,第34—35页。)可见富兰克林并不只是在宣扬某种致富的手段,实际上他也是在宣扬某种不同于过去的生活方式。

〔13〕[德]马克斯·韦伯:《新教伦理与资本主义精神》,于晓、陈维纲等译,生活·读书·新知三联书店1987年版,第56页。

〔14〕诸新教教派多主张"现世内的禁欲",即"个人将一己特殊的神圣心志——作为受选的神的工具之资质——内在于现世秩序之中,但却对立于现世秩序来活动"。([德]马克斯·韦伯:《宗教社会学》,康乐、简惠美译,广西师范大学出版社2005年版,第206页)确实,与身后的天国相比,现实世界不过是一团污浊的混沌,但现实世界作为神的创造物,虽然从根本上而言乃是次生性的,但是作为罪恶容器的现世也是基督徒寻求救赎确证的场所,基督徒有必要通过自己那禁欲坚忍的伦理行为去克服现世的种种诱惑以向上帝证明自己是适格的选民,以确保自己的蒙恩状态,耶稣不是也说过按才受托的比喻吗?(《马太福音》25:14—30)因此,作为一种积极确证的对象,现世生活对于基督徒而言,成了必须理性对待的天职,"财富的享受是要被禁止的。不过,对于禁欲者而言的'天职'则在于:忠于理性的

伦理秩序并恪守严格的合法性来从事经营;若有所成,换言之,有利得,则补视为神对于虔敬者之劳动的祝福,并且也是神之赏识其经济生活态度的显示。"(〔德〕马克斯·韦伯:《宗教社会学》,康乐、简惠美译,广西师范大学出版社 2005 年版,第 207 页)天主教在救赎问题上主张"预定恩宠",救赎被视为一种"神之完全自由的、无从解释的恩宠赐物,他为何做此决定是无从究明的,由于他的全知,他的决定必然也不会有所改变,而且绝对超越任何人类行为的影响"(〔德〕马克斯·韦伯:《宗教社会学》,康乐、简惠美译,广西师范大学出版社 2005 年版,第 246 页),在人看来并不一定合理的秩序或统治对神而言都是确定无误的,神是一个威严的王者,在救赎的问题上任何人都是无能为力的,救赎仅取决于神的恩宠。既然在救赎问题上是如此的不确定,那么不如对现世生活采取静默的态度,毕竟做的越多犯错的可能性也会越多,所有的一切都交由全能的神在身后去裁决。

〔15〕〔爱尔兰〕J. M. 凯利:《西方法律思想简史》,王笑红译,法律出版社 2002 年版,第 187—188 页。

〔16〕〔英〕洛克:《人类理解论》(上册),关文运译,商务印书馆 1959 年版,第 6—7 页。本书引用的是商务印书馆 2012 年印刷版本。

〔17〕由于对《政府论》(下篇)的强调,导致人们常常忽视《政府论》(上篇)的重要性,认为在上篇中洛克不过是对着一个如果不是因为他本人早就将遗失在历史洪流中的蹩脚政论家进行宗教

上的絮叨。实际并非如此,虽然现在看来菲尔默在思想史上无足轻重,但在当时确实是为君主专制摇旗呐喊的大将,他的《远祖论》——也就是洛克在《政府论》(上篇)中批判的靶子——出版后轰动一时,本人不仅有着一大批拥趸而且也受到王室的表彰。借由在上篇中对菲尔默的批判,洛克不仅为一系列看似天赋的原则找到了理性逻辑上的支撑,同时他也在上篇中提及许多与劳动财产理论相关的命题,譬如在第 34 页洛克就出于对私有财产不当使用的担心而提出了仁慈原则,在第 79 页他也提出了统治的正当目的:"统治的剑是为着要使'做恶事者恐怖',借这恐怖逼使人们来遵守社会的明文法律,这种法律是依照自然的法则而制定的,是为公众谋利益的,也就是说,在公共法规所能提供的范围内为社会的各个特定的成员谋利益。这剑不是单为统治者自己的利益而给予他的。"在第 111 页更是对何谓战争状态做出了"在于没有上级可以申诉的情况下,双方之间存在的敌意"的定性。([英]洛克:《政府论》(上篇),叶启芳、瞿菊农译,商务印书馆 1982 年版,第 111 页)虽然这些命题不同于下篇中以系统条理的形式而是以分散的形式出现的,但确定无疑的是这些表述与劳动财产理论都有着深刻的关联,《政府论》(上篇)是进入劳动财产理论的入口。

〔18〕[英]洛克:《政府论》(上篇),叶启芳、瞿菊农译,商务印书馆 1982 年版,第 2 页。着重号为原书作者所加。

〔19〕[英]洛克:《政府论》(上篇),叶启芳、瞿菊农译,商务印书馆 1982 年版,第 2 页。着重号为笔者所加。

〔20〕［英］洛克:《政府论》(上篇),叶启芳、瞿菊农译,商务印书馆1982 年版,第 39 页。

〔21〕［英］洛克:《政府论》(上篇),叶启芳、瞿菊农译,商务印书馆1982 年版,第 44 页。

〔22〕［英］洛克:《政府论》(上篇),叶启芳、瞿菊农译,商务印书馆1982 年版,第 81 页。

〔23〕［英］洛克:《政府论》(上篇),叶启芳、瞿菊农译,商务印书馆1982 年版,第 44 页。

〔24〕［英］洛克:《政府论》(下篇),叶启芳、瞿菊农译,商务印书馆1964 年版,第 4 页。

〔25〕［英］洛克:《政府论》(上篇),叶启芳、瞿菊农译,商务印书馆1982 年版,第 21 页。

〔26〕"凡地上的走兽和空中的飞鸟,都必惊恐、惧怕你们;连地上一切的昆虫并海里一切的鱼,都交付你们的手。凡活着的动物,都可以作你们的食物,这一切我都赐给你们,如同菜蔬一样。"(《创世纪》9:2—3)

〔27〕肖红春:《洛克自然权利理论的历史性意蕴》,载《哲学动态》2011 年第 2 期。

〔28〕［英］洛克:《政府论》(下篇),叶启芳、瞿菊农译,商务印书馆1964 年版,第 18 页。

〔29〕［英］洛克:《政府论》(下篇),叶启芳、瞿菊农译,商务印书馆1964 年版,第 20 页。

〔30〕［英］洛克:《政府论》(下篇),叶启芳、瞿菊农译,商务印书馆

1964 年版,第 30 页。

〔31〕[英]詹姆斯·塔利:《论财产权:约翰·洛克和他的对手》,王涛译,商务印书馆 2014 年版,第 143 页。

〔32〕[英]洛克:《人类理解论》(上册),关文运译,商务印书馆 1959 年版,第 348 页。

〔33〕[英]洛克:《政府论》(下篇),叶启芳、瞿菊农译,商务印书馆 1964 年版,第 35 页。

〔34〕[英]洛克:《政府论》(下篇),叶启芳、瞿菊农译,商务印书馆 1964 年版,第 35 页。

〔35〕[英]洛克:《政府论》(下篇),叶启芳、瞿菊农译,商务印书馆 1964 年版,第 36 页。

〔36〕[英]洛克:《人类理解论》(上册),关文运译,商务印书馆 1959 年版,第 222 页。着重号为笔者所加。

〔37〕[英]洛克:《人类理解论》(上册),关文运译,商务印书馆 1959 年版,第 222—223 页。

〔38〕[英]洛克:《人类理解论》(上册),关文运译,商务印书馆 1959 年版,第 224 页。着重号为笔者所加。

〔39〕[英]洛克:《人类理解论》(上册),关文运译,商务印书馆 1959 年版,第 250 页。

〔40〕[英]洛克:《人类理解论》(上册),关文运译,商务印书馆 1959 年版,第 253 页。

〔41〕[英]洛克:《人类理解论》(上册),关文运译,商务印书馆 1959 年版,第 334 页。着重号为笔者所加。

〔42〕[英]洛克:《人类理解论》(上册),关文运译,商务印书馆1959
年版,第334页。

〔43〕[英]洛克:《人类理解论》(下册),关文运译,商务印书馆1959
年版,第677页。

〔44〕[英]詹姆斯·塔利:《论财产权:约翰·洛克和他的对手》,王
涛译,商务印书馆2014年版,第149页。

〔45〕[英]洛克:《政府论》(下篇),叶启芳、瞿菊农译,商务印书馆
1964年版,第23页。

〔46〕[英]洛克:《政府论》(下篇),叶启芳、瞿菊农译,商务印书馆
1964年版,第29页。

〔47〕[英]洛克:《政府论》(下篇),叶启芳、瞿菊农译,商务印书馆
1964年版,第31页。

〔48〕[英]洛克:《政府论》(下篇),叶启芳、瞿菊农译,商务印书馆
1964年版,第20页。

〔49〕[英]马尔萨斯:《人口论》,陈祖洲、欧阳萍、龙小彪等译,陕西
人民出版2013版,第40页。

〔50〕洛克认为"对另一个人的人身用强力或表示企图使用强力,而
又不存在人世间可以向其诉请救助的共同尊长,这是战争状
态"。([英]洛克:《政府论》(下篇),叶启芳、瞿菊农译,商务印
书馆1964年版,第12—13页。)洛克的战争状态不仅存在于自
然状态之中,也可以存在于公民社会之中,如当某人陷于危急
之中,无暇求助于法律时,此刻他完全可以行使防卫的自然权
利,与侵犯者生死相搏。

〔51〕［英］洛克:《政府论》(下篇)，叶启芳、瞿菊农译，商务印书馆1964年版，第13页。

〔52〕钟丽娟:《自然权利的人性基础》，载《法学论坛》2011年第1期。

〔53〕［英］洛克:《政府论》(下篇)，叶启芳、瞿菊农译，商务印书馆1964年版，第29页。

〔54〕［英］洛克:《政府论》(上篇)，叶启芳、瞿菊农译，商务印书馆1982年版，第7页。

〔55〕［英］洛克:《政府论》(下篇)，叶启芳、瞿菊农译，商务印书馆1964年版，第85页。

〔56〕［英］洛克:《政府论》(下篇)，叶启芳、瞿菊农译，商务印书馆1964年版，第92页。

〔57〕［英］洛克:《政府论》(下篇)，叶启芳、瞿菊农译，商务印书馆1964年版，第83—89页。

〔58〕［英］洛克:《政府论》(下篇)，叶启芳、瞿菊农译，商务印书馆1964年版，第94页。

〔59〕张国清、曹晗蓉:《契约、正义与和解——洛克政治哲学再考察》，载《哲学研究》2013年第5期。

〔60〕［英］洛克:《政府论》(下篇)，叶启芳、瞿菊农译，商务印书馆1964年版，第87—88页。

〔61〕［英］霍布斯:《利维坦》，黎思复、黎廷弼译，商务印书馆1985年版，第99—100页。

〔62〕［法］埃蒂安-加布里埃尔·摩莱里:《自然法典》，黄建华、姜亚

洲译,译林出版社 2011 年版,第 9 页。

〔63〕[法]埃蒂安-加布里埃尔·摩莱里:《自然法典》,黄建华、姜亚洲译,译林出版社 2011 年版,第 14 页。

〔64〕[法]埃蒂安-加布里埃尔·摩莱里:《自然法典》,黄建华、姜亚洲译,译林出版社 2011 年版,第 13 页。

〔65〕[英]詹姆斯·哈林顿:《大洋国》,何新译,商务印书馆 1996 年版,第 9 页。

第四章　劳动财产理论的认识论基础

本书至此已然对洛克的劳动财产理论做了详尽介绍,并得出了这样的结论:洛克将私有财产视作政治国家起源的第一推动力,政府的目的即在于保卫私有财产,劳动财产理论破除了束缚私有财产的政治枷锁,私有财产的正当性得到了全面正名。劳动财产理论的问题是已然解决了,但还留有一个与劳动财产理论甚至可以说与洛克的整个政治理论体系密切相关的问题没有解答。须知洛克是论战的高手(在《政府论》上篇已经见识到他在这方面的卓越才能),他不可能不知道逻辑是反驳的利器,但要作为理论建构的基石还稍显薄弱。洛克生活在自然科学蓬勃发展的时代,特别是牛顿三大运动定律的发现极大地改变了人类认识世界的方式,在启示之外开辟了探寻真理的另一条道路,人不再是自然的被动承受者而是可以运用理性主动去认识甚至改造自然。自然科学的重大发展也极大地鼓舞了人文学者,他们也试图发现支配人类社会的恒常定律，进而为自己的理论在稳定性上找到坚实的基础，霍布斯便不无得意地宣称只有他那建立在近代物理学基础上的政治理论才是真正的政治理论。将自然科学的研究方法套用于社会科学在一时之间颇为流行，相较于自然科学，社会科学在理论基础的稳定性上便显得不那么自信。不能认为洛克对发生在周遭的巨大变化无动于衷，他必然多少也会受到一些影响，但正如上文所说，作为虔诚信徒的洛克并不认为作为被造物的人类有能力对外部世界有着确然性知识，只有作为制造者的上帝方能对世界有着全然把握，人类自以为得计的那点小知识在全知的上帝面前根本不算什么，正如希伯来谚语所说：人类一思考，上帝就发笑。虽然人类对外部世界的认识只能建立在或然性基础上，但洛克认为在有关人类社会的知识上，人类完全具有与造物主相等的地位，是能够获得全面彻底的认识的。洛克要实现巨大的反转，他要证明在理论基础的稳定性上，社会科学不仅不输于自然科学，反倒比自然科学更"科学"，从而为包含劳动财产理论在内的他的全部理论体系找到一个除逻辑自洽外更坚固的基础。本章即在于展示洛克是如何为他的劳动财产理论找到了认识论上的基础的。

第一节　作为复杂观念的政治理论

洛克认为人的心灵是未被标记过的白纸,人类在理性与知识方面获得的一切材料都是来源于经验,"我可以一句话答复说,它们都是从'经验'来的,我们的一切知识都是建立在经验上的,而且最后是导源于经验的。"[1]感觉与心理活动是从外部经验世界获取观念的两种不同途径,它们都是借由人身上的器官加以实现的,虽然后一种方式在观念获得上与纯粹的借由外在五感并不完全相同,但也极其相似,所以洛克将其称作与外在感官相对应的内在感官,"感觉"被命名为前一种获取方式,"反省"则被称作后一种方式。如果一个人对外界并没有形成任何认识,那么可以说心灵在反省以获取观念上是无能为力的,因此观念获取的先决条件在于感觉,接下来反省方会发挥作用,外在事物究竟是如何通过感官转化并形成观念并最终为感觉获取的,在这个问题上是不可知的,"由于不可觉察的部分在我们感官上起了作用"[2],毕竟能为人类五感所感知的事物终归属于少数,大部分还是"一定有一些不可察觉的（就某个别情形而言）物体从那里来到眼中，并且把一种运动传在脑中，在那里产生了我们对它们所有的这些观念"[3]。在观念的获取上只有感觉与反省这两种途径，除此之外再无其他，这也就构成了人类一切知识的来源：

> 总而言之，人心的印象或则是由外物经过感官印于人心的，或则是在反省那些印象时，它所发生的各种作用给它印入的。……人心虽然涉思玄妙，想入非非，可是尽其驰骋的能力，亦不能稍为超出感官或反省所供给给它的那些思维的材料——观念——以外。[4]

为感觉所接受的观念都是洛克所说的"简单观念"（Simple Ideas），"它们只含有一种纯一的现象，只能引起心中纯一的认识来，并不能再分为各种不同的观念。"[5] 刺激外在感官的事物在性质上可能是联结着的，但感觉依然可以成功地将各个简单观念相剥离，正如手在触碰冰块时既可以感受到硬度也可以感受到寒冷。在简单观念的接受上，人是被动的，不论他自己愿意与否，只要为感官所过滤便会强行在人心中烙上各种简单观念的印记，人心既无法拒绝简单观念也无法将其涂抹或重新制造。如果说感觉与反省构成了获取知识的途径,那么简单观念则是一切知识的材料。

与外在感官不同,人的内在感官——心灵——既可以产生简单观念也可以创造出别样的"复杂观念"(Complex Ideas)。内心创造复杂观念有合成、并列、抽象这三种方法[6],由第一种作用方式[7]——简单观念合成——形成的观念,洛克称为"复杂的观念"(注意,这并不同于上文所说的"复杂观念"),复杂的观念可以分为情状、实体与关系三种。情状"并不含有自己存在的假定,它们只是实体的一些附性,或性质,就如'三角形、感激心、暗杀'等等名词所指示的那些观念就是"[8]。依照是否由同一类别的简单观念构成又可再分为简单情状与复杂情状。洛克所要说的意思是情状只是人用来定义外物的观念,是人建构了情状的内涵。实体观念"代表着独立自存的一些独立的,特殊的事物;而且在这些事物中,那个假设的或者含混的实体观念,永远占着首要地位"[9]。毕竟人不是造物主,他无法对外物形成完整确定的认识,而只能以某种不完全的偏见去形成有关实体的观念,正如柏拉图无法确定人到底是怎样的一种生物,只能大概将其定义为"两足无毛动物"。关系则成立于各种观念的比较。

我们可以看到,在人类的观念范畴中,混杂情状与关系无疑占据了绝大部分比重。诸多道德观念和关于人为制品、人的感情、行动与制度的观念都是混杂情状,可以说所有通用的政治术语都是由混杂情状构成的。关系本身也是政治理论所关注的核心内容。"就政治理论的目的而言,有三种重要的关系。自然关系(natural relations)是对两个或更多的事物就它们的起源或开端来加以考察而得来的,……建制性关系(institued relations)是根据某个行动来对两个或更多的事物加以考察而得来的。……一个道德关系(moral relations)是一个意图性行为与一个规范的相符或相违背。"[10]由此在这点上,洛克的哲学思想与政治学理论存在着关联性。而《政府论》二篇则从自然法的角度说明了这些相关性概念是如何推导出各种权利义务关系的,这即是《政府论》二篇意图解决的问题。

第二节 政治理论的稳定性

洛克确实从认识论基础上表明了流行性政治术语的关联性,但与其说这是洛克哲学思想与政治学思想联结的全部不如说这只是诸多连接点中的一个,本章开篇即表明在科学的稳定性上,洛克想要赋予其政治理论甚至凌驾于自然科学的优越性,但是这样的一个过程并非是一蹴而就的,这经历了两个阶段:首先,洛克通过知识门类的再划分重述了包含政治理论在内的实践性知识,表明如同自然科学一样,实践性知识同样能够被解构并进行数理分析;其次,洛克表明实践性知识不似自然科学是自然的而是建构性的,人对建构性知识是可以获取完全性的把握的,而自然界是由上帝创造的,人对自然科学的把握即使再通透也不过是获得一种或然性而不是确证性知识,由此包含政治理论在内的实践性知识在稳定性上已然超过自然科学。

一、知识门类的再划分

洛克认为文字的意义"只是应用文字的那个人用它们所表示出的那些观念……说话者用一些文字把某个名词所标记的自己心中的观念,呈现于他人眼前,使别人看到它的意义"[11],概括性文字即是用来表示概括性观念的符号,之所以能够形成概括性观念主要是因为"人们把它们从时间,空间的特殊情节,以及决定它们成为或此或彼的特殊存在的其他观念分离开。借着这种抽象方法,它们便能以表象一个以上的多数个体"[12]。有两种完全不同的概括性观念:摹本与原型。顾名思义,摹本正是如同复写纸一样能够精确地将外在的事物烙印在人的内心上,实体对应的是摹本。[13]除摹本之外的所有观念都是原型,原型以摹本为依据但又不同于摹本,它并不是对外界的完全复写,它也加上了人心的创造成分,原型观念表象的只是它自身,"它们不被认为是任何事物的摹本,亦不以任何事物的存在为原本,而与之参照,因此,它们便不缺乏实在知识所需要的任何一种契合关系""在这方面,观念本身都是原型,而且各种事物不能不与它们相合"。[14]混杂情状和关系都是原型。

能够纳入人类理解范围以内的东西只有三种:

第一就是事物本身的本性,以及其各种关系和作用的途径。第二就是一个人(有理性而能自动的主体),在追求一种目的时(尤其是幸福)所应做的事情。第三就是达到和传递这两种知识的途径。[15]

与实体观念相对应的知识就是第一种知识,这种知识研究有关事物本身以及它们之间的关系和运作方式的自然的知识,洛克称其为物理学或者自然哲学,这种知识

以纯粹的思辨为其目标。与混杂情状和关系相对应的知识就是第二类,此即为实践性知识,

> 这种学问教人如何可以正确的运用自己的能力和行动,以求得良善和有用的事物。在这方面最主要的,就是伦理学。这种学问的职务就在于找寻出人类行为方面能招致幸福的规则和尺度来,并且找寻出实践它们的方法来。这种学问的目的不在于纯粹的思维,和人对于真理的知识;它的目的,只在于所谓"正当"right,和正当的行为。[16]

第三种知识即是连接自然哲学与实践性知识的逻辑,洛克称其为符号学。由洛克对实践性知识的重述可以看出,区分自然哲学与实践性知识的要点并不在于前者是理论的而后者不是,这两种学科门类同时都含有理论部分与实践部分,既然如此,那么运用于自然哲学的研究方法当然可以移借到实践知识领域,这没有任何问题,

> 道德学是可以解证出的——所谓无上的神灵是权力无限,善意无极,智慧无边的,我们是他的创造物,而且是依靠于他的。所谓人类,则是有理解,有理性的动物。这两个观念在我们既然是很明白的,

因此,我想,我们如果能加以适当的考察和研究,则它们在行为的职责和规则方面,可以供给我们以适当的基础,以致使道德学列于解证科学之数。在这里,我相信,任何人只要能同样无偏颇地注意数学和这些别的科学,我们就可以根据自明的命题,必然的联系(就如数学中推论的一样不可反抗),给他证明出是非的尺度来。别的情状间的关系,亦同数目和广袤间的关系一样,都是可以确乎被人认知到的。[17]

与自然界一样,在实践性的知识领域也存在着某些普遍的规律,只要找到这样的规律并不断地演进,那么所得出的任何有关社会的知识都是极其稳定的,洛克将实践性知识的稳定性置于与自然科学一样高的地位。

二、建构性知识与自然科学

洛克对知识门类的再划分使我们意识到存在于自然性知识与建构性知识之间的巨大差异。上文已经表明摹本观念复制了它所对应的自然原型,而原型观念本身就是自己的原型,摹本观念的真实程度(或称"对称性")表现在其对自然现实的反映程度上,越是贴近于现实的摹本其对称性越高,包括混杂情状与关系在内的原型观念指向社会性或建构性的现实,但其真实性却独立于这一现实本身,它们一方面定义了自己的对象,另一方面也表示自己的本质。社会现实被原型观念所切割并被加以分类、命名、批判。

洛克表述了一个有关原始语言的故事去说明原型观念不仅是描述性的同时也是建构性的。亚当是一个身处异乡的成年人,周围的事物都是他所不知道的。他发现拉麦过于忧愁,便以为拉麦的妻子亚大与人有染,亚当于是便发明创造"kinneah"和"niouph"这两个词汇,前者表示忌妒而后者表示通奸。后来亚当发现拉麦烦恼的原因在于杀了人,但是这样的发现并不足以使亚当改变他之前关于这两个词汇的用法,他之所以发生错误是由于在观念的使用上发生了误用,亚当创造的这两个词汇仍在表示有关忌妒与通奸的观念,它们依然还是自己观念的原型。而在摹本方面,洛克以黄金为例,亚当发现了黄金,他知道这是硬的、有明亮的黄色且重量特别大,于是他就选取这些特征抽象出一个复杂观念来用以表示所有具有这类性质的实体。通过这两个例子可以看到,原型观念在创造上完全不依赖任何外物只凭借自己的想象,而形成摹本观念的标准却是由自然设定的。这一区分的关键在于观念的使用是一种意图性行为。洛克接着以亚当后裔的群居生活为例,语言的使用是为了沟通交流,因此如果语言仅只表达自己的观念是不够的,语言文字的正常使用建立在惯常性用法上,虽然在运用语言时并不需要完全理解另一个人的意思,也不需要完全明晰词汇指向的究竟是什么,但是"人们假设他们的字眼亦可以标记同他们接谈的那些人心中的观念,因为若不如此,则他们的谈话会全无效果"[18]。观念与主体在语言的通常性用法之间构成了语言性行为。任何想要利用语言去描述已经确立起来的并获得公认的建构性事物时,都必须使自己所用语言所指向的观念与别人在使用这些词汇时所表达的观念相契合。

由此可见,在一个社群中,概括性名词所指向的原型并不仅是某人自己的观念,他与别人在词汇的使用上共同分享着某些同样的观念。建构性事物的本质由原型观念所赋予,而原型观念又从在某种语境下的反复使用中获得其习惯用法。

在一个已经存在的语言共同体中,社会现实首先在语言(和观念)的作用下被构成为多种事物,且其存在依赖于共同体对其恰当名称的持续使用。混杂情状和关系以及它们的对象(它们的本质)并不是主观性的,而是交互主体性的。它们存在于通常用法对它们的名称的持续性、规范性的运用中。[19]

原型观念的习惯用法或者说语言,能够使一个共同体将各种交互主体性现实划分为不同的种类,并不存在独立于原型的建构性观念,建构性观念完全是依靠人们对语言的运用而确立起来的。而在对实体观念的认识上,人虽然完全可以概括出一些主要特征用以指向所要表达的存在物,但是人永远无法知晓作为特征基础的物的实在本质。[20]要想以人获得有关社会世界的知识方式去认识自然界,就必须能够认识实体被制造或构成的方式,对人来说这是不可能的,人对自然的认识无论如何深入,永远都只是建立在或然性的基础上。原型观念在认识论上的这一优越地位赋予政治理论相对于自然科学的优越地位。

注释

〔1〕［英］洛克:《人类理解论》(上册),关文运译,商务印书馆1959年版,第73—74页。

〔2〕［英］洛克:《人类理解论》(上册),关文运译,商务印书馆1959年版,第109页。

〔3〕［英］洛克:《人类理解论》(上册),关文运译,商务印书馆1959年版,第108—109页。

〔4〕［英］洛克:《人类理解论》(上册),关文运译,商务印书馆1959 年版),第89页。着重号为原文作者所加。

〔5〕［英］洛克:《人类理解论》(上册),关文运译,商务印书馆1959 年版,第90页。

〔6〕第一,它可以把几个简单观念合成一个复合观念,因而造成一切 复杂观念。第二,它可以把两个观念(不论是简单的或复杂的) 并列起来,同时观察,可是并不把它们结合为一;这样,它就得到 它的一切关系观念。第三,它可以把连带的其他观念排斥于主 要观念的真正存在以外;这便叫作抽象作用,这样就造成一切概 括的观念。参见［英］洛克《人类理解论》(上册),关文运译,商 务印书馆1959年版,第139页。

〔7〕只有第一种作用方式方与本书所欲讨论内容有关,故第二、第三 种作用方式将不再叙述。

〔8〕［英］洛克:《人类理解论》(上册),关文运译,商务印书馆1959 年版,第140—141页。

〔9〕［英］洛克:《人类理解论》(上册),关文运译,商务印书馆1959 年版,第141页。

〔10〕［英］詹姆斯·塔利:《论财产权:约翰·洛克和他的对手》,王 涛译,商务印书馆2014年版,第19页。

〔11〕［英］洛克:《人类理解论》(下册),关文运译,商务印书馆1959 年版,第435页以下。

〔12〕［英］洛克:《人类理解论》(下册),关文运译,商务印书馆1959 年版,第423页。

〔13〕简单观念对应的也是摹本,而且与实体对应的是不对称的摹本不同,简单观念对应的是对称的摹本,因为是上帝而不是人是实体的造物主,所以人不可能对实体形成完整无缺的看法,而只能够认识形成实体的诸多观念中的一部分,但仅就对这部分观念的认识而言却又是正确无误的。由于为简单观念所对应的摹本与本书接下来的写作内容并不相关,故在正文部分略去不谈,仅在注释中加以明晰,以免挂一漏万。

〔14〕[英]洛克:《人类理解论》(下册),关文运译,商务印书馆1959年版,第599页。

〔15〕[英]洛克:《人类理解论》(下册),关文运译,商务印书馆1959年版,第776页。着重号为原文作者所加。

〔16〕[英]洛克:《人类理解论》(下册),关文运译,商务印书馆1959年版,第777页。着重号为原文作者所加。

〔17〕[英]洛克:《人类理解论》(下册),关文运译,商务印书馆1959年版,第582页。着重号为笔者所加。

〔18〕[英]洛克:《人类理解论》(下册),关文运译,商务印书馆1959年版,第418页。

〔19〕[英]詹姆斯·塔利:《论财产权:约翰·洛克和他的对手》,王涛译,商务印书馆2014年版,第26页。

〔20〕实在本质,物之所以为物全凭于实在本质,它也是各种可以为人所感知的性质的依托,它完全彻底地反映了存在物的内在组织,只能由造物主上帝才能认识而不能被人认识。

第五章　洛克之后

第一节　由劳动财产理论所带来的实践创伤

在洛克之后不到二百年的时间里，人类世界发生了巨大的变化，两次工业革命使社会生产力以前所未有的超高速发展，在世人面前展现的是一个新的纪元，由于科技迅速变动所带来的生产生活方式的变化是在此之前的任何一个年代都无法想象的。在两次工业革命之间迅速崛起的资产阶级已不再满足于旧有的政治体制，渐次通过流血或和平的方式掌握了国家的主导权，并在本国内展开政治体制变革以适应资本主义生产方式。这确实是一个登峰造极的年代，

在这个讲求计算的时代里，人们企图藉着统计数字记录已知世界的所有情事，众多的新统计简报能够公正地总结说，每一个可量度的数据都比之前的任何时期更大(或更小)。已知的、画在地图上的、而且彼

此之间互有联系的世界面积比以往的任何时代都来得大,其相互之间的联系更是令人无法想象的快速。世界人口比此前任何时候都多,在某些地区,甚至多到超出一切预料或以前根本不可能的程度。大城市以空前的速度持续增加。工业生产达到了天文数字。[1]

在资产阶级的世界里,"适者生存"是整个制度的基本隐喻,适者不仅有权生存也有权统治。对占有经济、技术及军事优势的人来说,他们无往不胜。这之外的部分则成了胜利者的盘中餐,伴随近代国家这个有机体的化脓性溃疡是贫穷与无产阶级。被剥夺土地而不得不背井离乡告别传统生活来到城市里的农民,他们与雇主只是纯粹的交易性关系,在这关系之中并没有什么温情可言,雇主关心的只是如何用最少的投资换取最大的回报,至于工人的个人生活、能力、历史则不是他们感兴趣的内容,任何一位《英国工人阶级状况》的读者都不可能不震惊于劳工阶级恶劣的生存环境。

从理论上来说,工人努力工作是为了有朝一日可以结束工人生涯并像其雇主般步入资产阶级新天地,这也正是雇主在要求工人工作时向他们展现的美好图景。不幸的是,他们中的绝大多数终其一生只是工人,现有的经济体制也要求他们继续保持工人身份。即使学理上一再论证高工资对于经济的刺激作用更为强烈,但在实践中只有极少数雇主愿意付给工人高工资,社会上无处不在的偏见更是强化了对工人的歧视,中产阶级心安理得地认为经济状况是阶级地位的象征,处于社会底层的工人就应该被贫困所困扰,若是有些幸运的工人在经济景气的年代(如1872—1873年的大繁荣时期)里挣钱多了并买起了奢侈品,这会让他们的雇主感到很难受。虽然资产阶级的生活也面临着来自不确定性的威胁,但这种突如其来的不幸很少会使他们被迫从事体力劳动,更不会使他们沦落到去依靠济贫院——或许最大的不幸便是家中能够赚钱的男人横遭意外,这对依附在他们身上的女眷无异于灭顶之灾。笼罩在工人身上的不安全感却是真实的、时刻存在着的,"一条正常的生活道路上不可避免地横卧着几个断层,工人及其家庭经常会因无法跨越而跌入其中,不能自拔。这些断层便是生儿育女、年迈、退休。"[2]或许用数字更能表明中产阶级与工人之间在财富上的巨大差距,"在1820—1875年,里尔(资产阶级)上层阶级的人数从占总人口的7%增加到9%,而其遗嘱上所载明的财富则从58%增加到90%。'大众阶级'从总人口的 62% 增加到 68%, 而遗嘱写明的财富只占 0.23%。1821 年时他们的财产尚占 1.4%, 虽然 1.4% 也不是多大的数字。"[3] 经济的迅速增长到底给普罗大众带来多少切实的利益是很值得怀疑的。

　　绝对多数的贫困人口已然是不能承受之重, 更为糟糕的是, 贫困有如恶性肿瘤般迅速侵蚀其他正常的社会机体。因工业革命深入而大量涌入城市的贫困人口、缺乏计划与监管而迅速扩张的城镇与工业区, 这都导致基本的公共服务设施缺位, 更别提较为像样的工人阶级住房了。城市生活状况的恶化最直观的表现在传染性疾病的蔓延上, "霍乱从 1831 年起再度征服欧洲, 并在 1832 年横扫从马赛到圣彼得堡的欧洲大陆, 后来还曾再度暴发。举一个例子来说, 在格拉斯哥, '1818 年前, 斑疹伤寒并未被当作什么流行疾病而引起注意'。此后, 斑疹伤寒的发病率不断增加。至 19 世纪 30 年代, 该城有两种主要流行病(斑疹伤寒和霍乱), 19 世纪 40 年代则有三种(斑疹伤寒、霍乱和回归热), 19 世纪 50 年代上半期还有两种, 一直到一整代人忽视城市卫生的情况改善为止。"[4] 有计划的市政建设要等到传染性疾病从贫民窟钻出来开始杀死资产阶级以及在绝望中爆发的社会革命吓坏了当政者时才开始兴起。除却疾病的蔓延外,酗酒、杀婴、卖淫、自杀和精神错乱等社会现象也都和巨大的贫困联系在一起。

抛开那些在工作后烂醉在小酒馆里默默忍受命运折磨的无可救药之徒外,一部分工人选择联合在一起以互助会的形式展开自救,工人阶级中更为激进者则成了未来社会主义信徒。将劳工运动与历史上随处可见的集体反抗相区别的重要特征即在于不断于前者中觉醒的阶级觉悟与阶级抱负。"到19世纪30年代早期,工人的阶级意识和社会抱负已经形成"[5],虽然相比于同时期展现于其雇主中的中产阶级意识,这股新兴意识无疑要微弱得多,但毫不怀疑的是,它确实出现了。伴随政治民主化特别是普选权的开放,工人阶级在政权中也有了自己的代理人,人数庞大的无产阶级使政治人物不可能忽视他们的要求,在工团基础上发展起来的各种社会民主党日益成为政治中的重要力量,这种种变动皆使工人阶级的状况朝向更好的方向前进,最终形成了现在所说的福利国家。虽然贫富差距仍在不断扩大,但这以一种隐性的方式呈现,可负担得起的消费品使工人阶级相比于其祖辈过上了完全的体面生活。

以劳动财产理论来审视现代福利国家的举措,这无疑是对富人的一种掠夺,税收上的差额制更是赤裸裸的对富人的"歧视",公民的合法私有财产受到了国家的规制,政府似乎违背了其原初目的。实则不然,可以说洛克在当时即已预见到劳动财产理论可能带来的悲剧,他不止一次地提到"公共福利"是法律的目标之一,很显然公共福利不等同于富人的利益而是包含所有社会成员在内的利益加总,与此同时他也强调富人对其陷入经济困顿的同胞负有施以援手的道德义务:

> 根本的自然法既然是要尽可能地保护一切人类,那么如果没有足够的东西可以充分满足双方面的要求,即赔偿征服者的损失和照顾儿女们的生活所需时,富足有余的人应该减少他的获得充分满足的要求,让那些不是如此就会受到死亡威胁的人取得他们的迫切和优先的权利。[6]

虽然为了平衡理论上的连贯性与一致性,洛克只将援助义务限定在纯粹的道德范畴内,但在私有财产随时可能受到威胁的年代里,还能对洛克再要求多少的先见之明呢?仅此就足够了,洛克的任务不在于考量如何规避私有财产的滥用而在于私有财产正当化。

第二节　反思劳动财产理论
——马克思对私有财产的批判

工业社会随处可见的不正义以及人的异化引发了思想界的震动,在对资本主义生产方式及其制度的质疑声中,卡尔·海因里希·马克思(Karl Heinrich Marx,1818—1883 年)发出了最强音,他对资本主义制度的挑战也是后洛克时代下对私有财产制度提出的最强有力的反驳。

当时有思想的中产阶级试图从两个角度去缓和无产阶级的困境。一些人提出要以更人道的方式对待工人,而工人也要学习中产阶级的美德从而摆脱贫困。而另一些人则认为政权结构要对工人阶级做适当开放,如果工人阶级得到投票权便可以选出可以为其利益发声的代言人。然而马克思以更宽广的视角去看待无产阶级所遭受的苦难,他改造了黑格尔的辩证法,以物质力量取代精神作为推动进步的发动机,用经济范畴(阶级)取代民族国家作为历史的载体。马克思将历史划分为四个阶段,推动由前一个阶段向后一个阶段变革的力量是阶级斗争,最初掌握政

权的阶级都代表了当时社会先进的生产力,然而随着时间
的推进,旧有的生产方式与上层制度已不再能适应变化了
的经济形势的需要,旧阶级成了阻碍变革的障碍,伴随新
的经济发展而诞生的新阶级成了葬送旧制度的根本力量。

　　马克思认为资本主义制度的问题在于经济上的不
义,资本主义的经济规律比以往任何一个时代的经济规
律都具有剥削性,这又归结到私有财产制上。资本家所
积累的财产源于对工人剩余价值的剥削,剩余价值来自
商品生产成本与价格成本之间的差价。在构成成本的诸
要素中唯有劳动成本是可以压缩的,所以资本家为了尽
可能地赚取最多利润,将付给工人的工资维持在仅勉强
够其营生这一水平。马克思认为这是与任何公平的经济
制度相违背的,为了满足资本家们的奢侈生活,工人将更
多的时间花在流水线上操作机器,创造出更多的剩余价
值。这样,工人本身与机器合为一体,以往从工作中获取
的荣誉感不复存在,工人所花费的既不是知识也不是技
术,仅仅是时间,工人也如同零件般随时可以置换。因资
本主义掠夺性经济规律而发生异化的并不仅仅限于工人,
它同时也在伤害着一部分资产阶级的利益。在资本主义
经济制度下,历史上第一次出现了生产过剩,由生产过剩

所带来的是生产不足、萧条和饥荒：

> 为了通过扩大销售而获得更多的利润，相互竞争的公司生产的产品超过社会所能消费的数量。他们在此过程中毫不考虑社会的公共利益。他们别无选择，因为经济制度促使资本家要么参与竞争，要么失败，而失败则意味着沦为无产阶级。但是，市场充斥着无法销售的商品，利润降低，积压的商品在仓库腐坏，价格和生产被消减以消除过剩，公司倒闭，劳动者失业，这种状况会一直持续到过剩商品能得到处理之时。[7]

人们于是落入了追逐剩余价值的陷阱。无论是无产阶级还是资产阶级都深受异化之苦，因为资本主义这一制度从根本上而言就是对无论处于何等经济地位的人都不义的。资产阶级中实力并不雄厚的那部分人在日益残酷的竞争法则中被淘汰，沦为与工人同等地位的无产阶级，社会越发分裂为两大对立的部分——资本寡头与无产阶级，前者在人数上只占少部分但却握有绝大多数财富，而后者人数虽众却生活贫困。这两个撕裂的阶级互相对立引发的敌对情绪在某一刻得到释放，无产阶级革命将推翻资本主义制度，到那时他们必将解放全人类，所有阶级也都将终结。

马克思以辩证唯物主义作为其理论的科学基础，表明资产阶级的兴起与灭亡都是命定的,试图对其加以改造的想法纯属无聊,资产阶级社会必将瓦解。马克思想象无产阶级革命之后将向共产主义社会转型,在那里是没有压迫没有剥削没有私有制存在的。人民将拥有必要的个人财物,但是除必需品之外的财产所有权都将被废除,合作取代竞争,共同富裕取代个人贫困,将会回到所有人都平等的史前社会,但在物质资料的丰富上却不是原始人所能想象的:

> 在经济上,未来最终将享有史前时代的所有好处,而又不存在史前时代的问题。未来将重新实行经济共产主义,这是历史的最终目标。以往导致生产过剩的所有技术优势,未来将变成工业能力的一部分,让每个人都能过上经济富足的生活。[8]

那时国家也会消亡,由于国家只是阶级统治的工具,剩下的只是对基本必需品以及服务生产分配这类事情,这类事情现在全部由出于自愿的人轻松完成。

卡尔·波普尔(Karl Popper)以黑格尔为桥梁将马克思与柏拉图联结起来,姑且不论波普尔在认识上可能存在的偏见,他在经济上与马克思、柏拉图都有着共同倾向,他们都主张消灭私有制,将理想生活置于共产主义的框架之下。社会主义兴起于体制之外,其初始力量在于对工业状态的义愤,马克思将这股义愤加以系统表述构成社会主义学说。社会主义运动全靠理论加以维系,贯穿少数几个不会对其产生敌意的建制——如工会,其招揽徒众的重要手段即在于教条的正确,"社会主义引人注意的主权凭据,就是声称它了解变动不居的工业资本主义。"[9]社会主义有识之士特别当其身负振兴共产主义运动领袖一职时,往往也要充当预言家,马克思本人就曾做过很多预言,但马克思毕竟是人不是神,马克思主义也只是社会科学的一个分支,这些都决定了马克思做过的许多论断都没能彻底实现。资本主义社会确实发生过几次严重的经济危机,当时,掌权的资产阶级也感觉到自己的命运系于一线之间,然而资本主义竟能挺过每次危机,而且在每次危机之后又对既有制度加以重新调整并又以新的姿态重新站上发展的起跑线上,似乎每次危机不仅没有将资本主义击溃反倒赐予其新生的力量,尤其自第二次世界大战后福利国家的出现,在国民福利体系上的支出占据国家财政支出的极大比重,企业也开始了领悟低工资并非是赚取最大利润的好方法,尤其在以科技推动生产力的当代,无产阶级的生活状况不仅没有得到恶化而且似乎是有史以来最好的,更有甚者,他们当中的一大部分已经跻身于中产阶级之列而纷纷掉转矛头，指责那些仍生活在底层的旧同胞是懒汉、蚕食国民税收的白蚁。似乎在任何一个资本主义国家中爆发大规模革命的可能性都很小，更别说世界范围的革命了，而社会主义运动本身也越发趋向于社会民主党这样在既有体制内以和平非暴力的议会辩论方式争取权利，而这在早期是被斥为异端的。当前社会主义运动暂处于蛰伏期，建立在民主法治、自由市场之上的现代国家是目前主流的政治架构，虽然马克思的理论曾对社会发展趋势做出过准确预测，但社会变革之速往往是任何人都难以逆料的。马克思主义是对现代性伤痛的一次深刻反思，在某种程度上仍然有着回归古制的倾向，马克思本人对私有财产的批判并没有提出很多完全崭新的东西，多少仍可看到古人的影子，他对私有财产的批驳不仅没能使洛克的劳动财产理论被打烂，现在看来倒是从反面确证了洛克理论的正解性。

第三节　理性经济人与利他主义

本书已经详尽阐释了财产是如何从桎梏中一步步得

到解放,洛克贡献了打破束缚私有财产锁链的最后一击。现在还有最后一个与之相关的问题有待解决,即理性的"经济人"(Homooeconomicus)与怜悯同情等利他主义之间的关系。经济人这一概念是由亚当·斯密在其著作《国富论》中提出来的,这一概念将人的思考与行为理性化,其行动的唯一目标即在于获取物质性经济补偿的最大化。从洛克本人的政治理论中也可以看出人一旦脱出前国家政府时期的黄金时代,立即变得冷酷无情,驱使他们前进的力量除了对金钱的贪婪似乎并无其他,然而这与我们实际中所见闻的情况是相对立的,理性的经济人也会做出极多不理性的选择,这种看似不理性的行为在数目上也并不少,诸如慈善捐赠、孤儿的收养、义工活动等,甚至可以说只要是人在怜悯心、同情心驱使下所做出的行为多半不是理性经济而是利他的行为,从这一类行为中很少能够期待获得什么立竿见影的回报。那么,这种理性的经济人与利他主义之间究竟是否存在着矛盾呢?答案自然是否定的。任何高级形式的活动必然只能起源于社会。与动物不同,人在摄取足够维持其机体正常运转的能量之外(人甚至在能量的摄入上也是与低等动物不同的,毕竟多数人总是追求饮食的精细,要吃得更好一些），至少对想要做一个有修养的人而言，他还会有许多其他的需要，诸如文学、宗教、艺术，甚至连自然科学也可以归结到为了满足人类更高级的需要。这些超肉体的需要本身并不是为了弥补器官的磨损，也不可能使机体能够得到更好的运转，这些需求都是在社会环境的刺激下产生并且发展的：

> 社会的影响在我们身上引起同情和团结一致的感情，这些感情使我们和他们接近；正是社会在按它的形象塑造我们的同时使我们接受这些支配我们行为的宗教、政治和道德信仰；正是为了能够发挥我们的社会作用，我们才力求发展我们的智慧，而且正是社会在向我们传授它所贮存的科学的同时给我们提供了这种发展的手段。[10]

一切高级活动在起源上所具有的社会性正是社会本身在每个人身上的具体化与个性化，也即是人具有两重性，在具体的个人之外存在着社会的人，这也是为何人可以选择牺牲自我的利益去迁就社会所设下的各种戒律，这不完全是出于对违反规则所可能带来的惩罚的恐惧，在一定程度上也有某种内心的认同与服从，同情心、怜悯心即是这种社会人的体现。作为具体的人若是想在残酷激烈的社会竞争中持有优势,那么必然的,他将要尽可能地发挥自己全部的才智去赶超他的同胞们,然而这种体现在个人身上精打细算的自利主义与对他人的道德心竟也有着关联,可以同时消长的:

> 两者之间之所以有某种亲缘关系,是因为两者都产生于同一种集体意识状态,它们只是这种状态的不同方面。两者所表现的都是舆论评论个人一般道德价值的方式。每当个人受到公众的尊重时,我们就把这种社会评价应用于他人,同时也应用于我们自己;他们的生命像我们的生命一样,在我们的眼里就比较有价值,而且我们变得比较容易感觉到分别涉及他们每个人的一切,就像比较容易感觉到涉及我们的一切一样。他们的痛苦就像我们的痛苦,我们比较容易感到难以忍受。因此,我们对他们的同情并非我们对自己的同情的简单延长;但两者都是同一个原因的结果,都是同一种精神状态所构成的。这种精神状态当然是根据适用于我们自己还是适用于他人而变化;我们的利己主义本能在前一种情况下使这种精神状态强化,在后一种情况下则使之削弱,但是在这两种情况下都存在并起作用。甚

　　至看上去与个人气质最有关的感情也取决于个人以外的原因,这是千真万确的! 我们的利己主义本身在很大程度上是社会的产物。[11]

　　在财产问题上洛克究竟走了多远是值得玩味的,不能高估洛克对财产的革命性作用,实则他的思想中也透露出一定的保守主义。洛克关于主仆关系的论述绝对不等同于资本主义的薪水劳动,它反映了洛克对于劳动分工的看法:技艺工人享有对他的劳动活动的最高权力,洛克想要建立由技艺工人构成的经济体制。这无疑是对资本主义组织形式以及对劳动过程的资本主义式控制的反动。[12]

　　不过即便如此又能如何? 至少洛克为财产正了名。

注释

〔1〕[英]艾瑞克·霍布斯鲍姆:《革命的年代:1789—1848》,王章辉等译,中信出版社 2014 年版,第 343—344 页。

〔2〕[英]艾瑞克·霍布斯鲍姆:《资本的年代:1848—1875》,张晓华等译,中信出版社 2014 年版,第 257 页。

〔3〕[英]艾瑞克·霍布斯鲍姆:《资本的年代:1848—1875》,张晓华等译,中信出版社 2014 年版,第 257 页,第 260 页。

〔4〕[英]艾瑞克·霍布斯鲍姆:《革命的年代:1789—1848》,王章辉

等译,中信出版社2014年版,第232—233页。

〔5〕〔英〕艾瑞克·霍布斯鲍姆:《革命的年代:1789—1848》,王章辉
　　等译,中信出版社2014年版,第241页。

〔6〕〔英〕洛克:《政府论》(下篇),叶启芳、瞿菊农译,商务印书馆
　　1964年版,第113—114页。

〔7〕〔美〕唐纳德·坦嫩鲍姆、戴维·舒尔茨:《观念的发明者》,叶颖
　　译,北京大学出版社2008年版,第341—342页。

〔8〕〔美〕唐纳德·坦嫩鲍姆、戴维·舒尔茨:《观念的发明者》,叶颖
　　译,北京大学出版社2008年版,第347—348页。

〔9〕〔美〕约翰·麦克里兰:《西方政治思想史》,彭淮栋译,海南出版
　　社2003年版,第595页。

〔10〕〔法〕埃米尔·迪尔凯姆:《自杀论》,冯韵文译,商务印书馆
　　1996年版,第219页。

〔11〕〔法〕埃米尔·迪尔凯姆:《自杀论》,冯韵文译,商务印书馆
　　1996年版,第393页。

〔12〕洛克对主仆关系的表述见《政府论》下篇第五章。《语境中的
　　洛克》一书(〔英〕詹姆斯·塔利:《语境中的洛克》,梅雪芹、石
　　楠、张炜等译,华东师范大学出版社2005年版)第六章对这一
　　方面做过极为系统的考证。

参考文献

著作类

［英］梅因:《古代法》,沈景一译,商务印书馆1996年版。

［美］德沃金:《法律帝国》,李常青译,中国大百科全书出版社1996年版。

［苏］涅尔谢相茨:《古希腊政治学说》,蔡拓译,商务印书馆1991年版。

［古希腊］亚里士多德:《尼各马可伦理学》,廖申白译注,商务印书馆2003年版。

［古希腊］亚里士多德:《政治学》,吴寿彭译,商务印书馆1965年版。

［美］乔治·萨拜因:《政治学说史》(第四版)(上卷),邓正来译,上海人民出版社2010年版。

［古罗马］玛克斯·奥勒留:《沉思录》,梁实秋译,译林出版社2012年版。

《圣经·旧约/新约》,通用和合本。

杨腓力:《耶稣真貌》,刘志雄译,南方出版社 2011 年版。

[美]约翰·麦克里兰:《西方政治思想史》,彭淮栋译,海南出版社 2003 年版。

[古希腊]普鲁塔克:《希腊罗马英豪列传》(Ⅰ),席代岳译,安徽人民出版社 2012 年版。

[古希腊]色诺芬:《回忆苏格拉底》,吴永泉译,商务印书馆 1984 年版。

[古希腊]柏拉图:《理想国》,张造勋译,北京大学出版社 2010 年版。

[意]尼科洛·马基雅维里:《君主论》,潘汉典译,商务印书馆 1985 年版。

[美]列奥·施特劳斯、约瑟夫·克罗波西主编:《政治哲学史》,李天然等译,河北人民出版社 1993 年版。

[德]马克思·韦伯:《新教伦理与资本主义精神》,于晓、陈维纲等译,生活·读书·新知三联书店 1987 年版。

[爱尔兰]J. M. 凯利:《西方法律思想简史》,王笑红译,法律出版社 2002 年版。

[英]洛克:《人类理解论》(上册),关文运译,商务印书馆 1959 年版。

[英]洛克:《政府论》(上篇),叶启芳、瞿菊农译,商务印书馆 1982 年版。

[英]洛克:《政府论》(下篇),叶启芳、瞿菊农译,商务印书馆 1964 年版。

〔英〕詹姆斯·塔利:《论财产权:约翰·洛克和他的对手》,王涛译,商务印书馆2014年版。

〔英〕洛克:《人类理解论》(下册),关文运译,商务印书馆1959年版。

〔英〕马尔萨斯:《人口论》,陈祖洲、欧阳萍、龙小彪、吕尧译,陕西人民出版社2013年版。

〔英〕霍布斯:《利维坦》,黎思复、黎廷弼译,商务印书馆1985年版。

〔法〕埃蒂安-加布里埃尔·摩莱里:《自然法典》,黄建华、姜亚洲译,译林出版社2011年版。

〔英〕詹姆斯·哈林顿:《大洋国》,何新译,商务印书馆1996年版。

〔英〕艾瑞克·霍布斯鲍姆:《革命的年代:1789—1848》,王章辉等译,中信出版社2014年版。

〔英〕艾瑞克·霍布斯鲍姆:《资本的年代:1848—1875》,张晓华等译,中信出版社2014年版。

〔美〕唐纳德·坦嫩鲍姆、戴维·舒尔茨:《观念的发明者》,叶颖译,北京大学出版社2008年版。

〔法〕埃米尔·迪尔凯姆:《自杀论》,冯韵文译,商务印书馆1996年版。

论文类

陈景辉:《法理论为什么是重要的——法学的知识框架及法理学

在其中的位置》,载《法学》2014 年第 3 期。

张书友:《何谓法理学》,载《法学教育研究》2013 年第 9 卷。

肖红春:《洛克自然权利理论的历史性意蕴》,载《哲学动态》2011 年第 2 期。

钟丽娟:《自然权利的人性基础》,载《法学论坛》2011 年第 1 期。

张国清、曹晗蓉:《契约、正义与和解——洛克政治哲学再考察》,载《哲学研究》2013 年第 5 期。

学位论文类

闫何清:《财产、制度与人——关于财产问题的哲学研究》,中共中央党校 2011 年博士学位论文。

后　记

　　最初开始接触西方法律思想史还要追溯到本科学习期间，为了准备研究生复试，我将由严存生教授主编、法律出版社出版的《西方法律思想史》翻看了许多遍，书中记述的不同时期法学家对同一问题的不同看法，使我意识到在人文社科领域几乎不存在"唯一正解"，有的只是对观念的承继与革新。

　　考上研究生后，也算是正式开启了自己的学术生涯，西方法律思想史对于一名法学理论专业的研读者而言是必须要修习的核心科目，我在较长的一段时间里专注于原典的阅读。平心而论，阅读法学原典并不是一件十分愉快的事情，最大的困难在于时代背景的隔膜使读者很难明了作者思想的精义，因而原典阅读往往要辅之以有口皆碑的思想史著作。最令我印象深刻的思想史著作当属麦克里兰的《西方法律思想史》、施特劳斯的《政治哲学史》与萨拜因的《政治学说史》，虽然三位作者的写作风格迥异，但解释的说服力与论证的深度都让我叹为观止，为作者的睿智所折服。这样的阅读经历也促使我将自己的研究重点放在法律思想史上，也试图模仿上述三位大家，以融贯性视角去深度解读某位经典作家。

选择洛克作为研究对象是一件机缘巧合的事情。毫无疑问《政府论》（下篇）是绝对的经典，但我第一次读完后只觉得十分平淡，并没有觉得有什么与众不同之处，毕竟包括社会契约在内的一整套自然法理论并非洛克首创，而权力分立更是要推崇孟德斯鸠，那么什么是洛克的贡献？带着这一疑问，之后我又陆续阅读了《政府论》（上篇）与洛克的哲学著作《人类理解论》，萌生出对洛克思想展开跨文本研究的想法。确立了跨文本研究的想法后，便着手收集资料，阅读了许多关于洛克思想的解读，读得愈多，便愈是意识到洛克是一个承前启后式的人物，他在发扬前人思想的同时，他的思想也被后人发展着，他的理论并不高深，但也没平凡到使其湮灭在时间的洪流中，洛克在私有财产领域确实有着独到见解，于是我便开始专注于他的劳动财产理论。

　　本书的出版同样是一件机缘巧合的事情。本书的出版对我来说十分重要，但出版和能否顺利出版是两件事，本书责任编辑、知识产权出版社庞从容编辑，同时也是我的师姐，以极其认真负责的态度，专业高效地完成了本书的出版工作，帮助我渡过了难关。衷心感谢庞师姐为本书所付出的工作，为庞师姐点赞，不仅是为她兢兢业业的工作态度，更是为她能够换位思考的同理心。

林立成

2021 年 8 月 12 日

于滁州名儒园